En couple catholique et franc-maçon

Dialogue spirituel

Michel et Dominique Giffard

En couple catholique et franc-maçon

Dialogue spirituel

L'Harmattan

Des mêmes auteurs

Michel GIFFARD

Le tarot, outil de management, Editions Artulen, 1989.

Développez votre intuition et celle de votre équipe, Editions ESF, 1992.

Coaché !, Editions d'Organisation, 2003.

Votre intuition au service du succès, Presses du Châtelet, 2009.

Coaching d'équipe, outils et pratiques, Armand Colin, 2e éd. 2010 (coauteur : Michel Moral).

Dominique GIFFARD
(sous le pseudonyme de Dominique Béranger)

Mère, femme, fille, sœur, amie de détenu, L'Harmattan, 2000.

5-7, rue de l'Ecole-Polytechnique, 75005 Paris

http://www.librairieharmattan.com
diffusion.harmattan@wanadoo.fr
harmattan1@wanadoo.fr

ISBN : 978-2-343-00192-0
EAN : 9782343001920

A Anika, Romain
et Timothé

Prologue

Nous ne sommes pas des êtres humains vivant une expérience spirituelle, mais des êtres spirituels vivant une expérience humaine.
Père Teilhard de Chardin

MICHEL

Partager ce qui est partageable en couple se révèle être un trésor en expansion qui densifie la vie et permet d'envisager en confiance les temps à venir. Y associer quelque ami lors de soirées rares et bénies ajoute encore aux plaisirs de la vie. Petit à petit, dans les interstices de nos emplois du temps, est apparu notre désir commun de ce livre, comme une fleur des champs entre les pierres d'un vieux mur sur nos chemins de randonnée. Nous avons pris conscience que nos chemins spirituels sont parallèles, même s'ils se croisent très souvent ! Nous pourrions ensemble, Dominique et Michel, rassembler dans un livre nos perceptions et nos recherches personnelles afin de les partager. Comme un témoignage de vie et non pour donner un exemple ou un modèle.

En 2009, les frères de ma loge mère à Saint-Germain-en-Laye ont fêté mon jubilé maçonnique : trente-trois ans de franc-maçonnerie, 33 nombre symbolique d'initiation, de mort et de renaissance. Dominique a tenu à participer à cette cérémonie au prix d'efforts douloureux car elle sortait à peine de l'hôpital après une opération. Cette cérémonie était importante pour moi bien sûr, mais aussi pour elle et pour nous. L'idée de ce livre s'est concrétisée peu après afin de prolonger ces moments intenses.

Désir et peur, faces de la même médaille. La vie intérieure est de l'ordre de l'intime qui ne concerne que soi-même. Expérimenter ses dimensions spirituelles est une œuvre subtile, délicate et périlleuse car sans fin. Les étals des libraires sont déjà remplis de livres de spiritualité, tous plus érudits et pertinents. Vertige devant la conscience du syndrome de l'imposteur. De quel droit ? Qui suis-je pour donner mon intérieur à voir ? Et n'est-ce pas dangereux de se dévoiler, notamment en couple ? Tout se dire, vraiment ? Même mes côtés les plus sombres ? D'ailleurs, quels sont-ils, les vrais ? Ceux que Dieu m'indique en songe ? Et si ma pire vanité était de ne pas accepter la lumière, celle qui éclaire mon regard que je porte sur le monde ? A quoi bon remuer ces souvenirs, ces perceptions et ces émotions ? Quoique légitimes, ces questions ont la saveur de prétextes faciles confortant ma paresse naturelle. Ce que j'ai vécu est à la fois unique, personnel et universel, donc apte au partage avec ceux qui le souhaitent.

Témoigner alors de mon parcours intérieur, en miroir à celui de Dominique, des peurs, des hésitations et des joies. De la joie voire de l'émerveillement quand des synchronicités émergent de nos chemins de vie. Des rencontres arrivant au bon moment, quand nous étions prêts à les vivre, quand le plaisir et le besoin se rejoignent pour créer le désir ouvrant de nouvelles perspectives. Tout ceci peut intéresser le lecteur qui a un chemin analogue – la recherche de lumière et de vérité – et celui qui débute son ouverture à d'autres niveaux de réalité. Nous nous lançons donc, je plonge dans ma rivière intérieure comme un chercheur d'or passant son tamis dans l'eau boueuse de son inconscient. Nous avons construit ce livre à partir d'un dialogue structuré amenant chacun à creuser davantage au fond de son âme, pour en dégager l'essentiel et proposer nos réponses personnelles aux principales questions de la vie spirituelle. Une première question se pose déjà, dont les réponses parsèment ce livre : comment une catholique pratiquante et un frère engagé peuvent-ils se rencontrer, vivre et créer ensemble ? La réponse est une longue histoire où chacun accompagne l'autre et le recadre, car l'amour va de pair avec l'exigence.

DOMINIQUE

Aux propos de Michel, j'ajoute ces quelques notes en guise d'accompagnement musical. Que le lecteur soit rassuré, nous n'allons pas tout dire. Chacun garde son jardin secret et en conserve la clé. Dans nos parcours, nous avons cherché à discerner ce qu'il était bon de dévoiler en appliquant la méthode socratique, dont nous nous servons couramment. Lorsque nous hésitons à exprimer une pensée susceptible de déranger, nous la soumettons à trois questions : est-ce vrai, est-ce juste, est-ce utile ? Le dernier critère est redoutable. A son crible, combien de « bonnes » intentions ont fini fort heureusement aux oubliettes !

Est-ce donc utile ? L'une des motivations qui me conduit à écrire ce livre, tient à la difficulté, voire à l'impossibilité, de parler de spiritualité aujourd'hui, ne serait-ce qu'à nos enfants. L'idée même d'une quête spirituelle, et encore plus d'un cœur à cœur avec le divin, paraît archaïque ou totalement inconcevable à la majorité des jeunes geeks qui nous entourent. L'époque fait tout pour accaparer leur esprit par des leurres matériels censés aboutir au bonheur. Elle redouble d'ingéniosité pour dévorer le peu de temps encore disponible. L'appartenance aux réseaux sociaux, sans quoi l'individu n'est rien, est la dernière ruse de ce système qui a horreur du vide. Notre siècle est hyperconnecté à tout sauf au silence, à la réflexion, à la méditation et à la prière.

Devant l'avancée de cette désertification spirituelle, l'Eglise appelle les chrétiens à témoigner de leur foi et de la Présence de Dieu dans leur vie. Plus que jamais, ces témoignages sont importants pour rappeler que la vie de l'âme existe, que la religion catholique nous invite à tracer un chemin personnel et original, celui de vivre l'aventure terrestre à l'écoute de la Parole divine et de notre part spirituelle... J'apporte ici le récit de cette découverte.

***

Dominique et moi nous sommes rencontrés dans la seconde partie de notre vie d'adulte, à quarante-deux ans pour elle et quarante-cinq pour moi. Bien que ce livre concerne d'abord notre vie spirituelle en couple, nous avons choisi de respecter la chronologie des événements. Une première partie présente nos premiers élans spirituels d'enfant, d'adolescent et de jeune adulte. Puis viennent nos expériences initiatiques respectives de franc-maçon et de catholique, complétés par la pratique de nos rituels. Notre rencontre et notre vie commune n'interviennent donc qu'au chapitre 4. Nous évoquons ensuite le spirituel au quotidien et dans la vie professionnelle. Chaque chapitre se conclut par l'échange de nos points de vue, présentés dans un *Regard croisé* libre et spontané.

1

Premiers élans spirituels

Le bonheur, c'est de continuer à désirer ce qu'on possède.
Saint Augustin

MICHEL

Je suis né à la vie de l'Esprit à vingt-huit ans, en 1975, après une hépatite virale qui a bien failli abréger mon séjour sur Terre. C'est aussi l'année où mon fils Romain est né et celle où j'ai frappé à la porte du temple maçonnique de Saint-Germain-en-Laye. La mère de Romain avait des nausées, moi aussi. Mes amis plaisantaient sur ma grossesse nerveuse et ma difficulté à déléguer. Au bureau, la position assise était trop douloureuse et je m'allongeais régulièrement sur le parquet. Un samedi soir, mon patron nous invite à dîner chez lui. Vidé de mes forces, je passe la moitié de la soirée sur le canapé. Dès le lendemain je consulte un médecin, un voisin. La confiance que je mets en lui et la couleur de mes urines terminent de me convaincre que j'ai bien une hépatite A de la pire espèce et... je m'évanouis. En me raccompagnant, ce médecin m'explique tranquillement qu'une course de vitesse est engagée entre le virus qui détruit les cellules hépatiques et le foie qui en crée de nouvelles. Qui va gagner ? Très vite, j'apprends que trente cas similaires sont identifiés dans le quartier suite à la consommation de salades polluées et qu'une jeune fille vient de mourir. Ambiance. Et je n'avais pas encore constaté que, souvent, quand un nouvel être va naître dans une famille, un autre meurt. Ce qui s'est passé trente-six ans plus tard : mon père est décédé trois mois avant la naissance de mon petit fils Timothé. Cette année-là mon foie a gagné le match contre la faucheuse, mais à vingt-huit ans je suis quand même mort… à moi-même, symboliquement. Voici comment.

Mes parents étaient fermiers en Seine-et-Oise, aujourd'hui le Val-d'Oise, dans un pays vallonné de polyculture et d'élevage, le Vexin français. Mes premiers souvenirs conscients concernent des émotions fortes avec les animaux de la ferme, à l'âge de trois-quatre ans. Un cochon qui se sauve et que je rattrape par sa jolie queue en tire-bouchon, à la grande frayeur de ma mère. Notre berger allemand Sultan qui me saute dessus la gueule ouverte voulant protéger sa maîtresse, ma mère, avec qui je chahute. Je lui échappe de justesse en me réfugiant au milieu de la table de la cuisine, le temps que mes parents réussissent à l'attraper. Un magnifique percheron nommé César, qui échappe à la vigilance de Maxime – le commis pourtant aux petits soins avec moi – et traverse au grand galop le pré plein de tourbières. Ce cheval de trait tire une charrette de sacs de patates dans laquelle je me trouve. C'était la pratique à l'époque. Je m'accroche aux ridelles comme je le peux et les sacs tombent, sans moi. Je rebondis avec facilité dans cette charrette allégée de son chargement et je me revois ensuite, inconscient des risques courus, racontant mon « exploit » à mes parents.

Les initiations de la nature

Qu'est-ce que la mort à cet âge ? Albert, mon grand-père paternel, venait de mourir. Je n'ai pas eu le droit d'aller le voir dans sa chambre ni d'accompagner la famille à ses obsèques. C'était pour me protéger, on ne montre pas ces choses-là aux enfants. Mes premiers contacts physiques avec la mort concernent les animaux de la ferme. Celle de mon petit chien Doudou que je retrouve raide dans le pré, caché derrière de hautes herbes. La portée de chatons noyés par mon père dans la rivière, enfermés dans un sac de jute. Le canard sans tête volant jusque sur le toit de notre maison, dans un dernier geste réflexe. La cérémonie du cochon dont j'entends encore les hurlements quand il se vide de son sang si précieux pour notre boudin. A l'autre extrémité de la chaîne, les premiers coups de bec du poussin sur sa coquille, et son air ahuri quand il s'ébroue, secouant ses moignons d'ailes pour accueillir la vie. La naissance d'un petit veau, ou d'un poulain, avec leur mère les léchant de la langue et des yeux. Et mon père qui agit comme un magicien, dans la chaleur protégée de l'étable ou de l'écurie, avec des gestes précis pour donner et sécuriser la vie. Une première initiation à la vie… et à la mort. Aux risques pris, aux conséquences de mes actes et à la responsabilité. Mon père avait une forge pour réparer ses outils. La couleur rouge flamboyant du fer sortant du charbon incandescent m'attirait beaucoup, au point où je n'ai pu résister longtemps à la tentation de saisir à pleines mains ce magnifique jouet. Le talent d'infirmière de ma mère m'a évité des cicatrices permanentes mais non l'extrême douleur très apprenante pour un tout petit.

Initiation à la confiance aussi. Dès l'âge de sept ans, mon père me laisse conduire le petit Massey Ferguson qui tracte la moissonneuse-lieuse sur laquelle il est assis. Je suis impressionné par les roues, plus hautes que moi, et le bruit des scies qui avancent, imperturbables, dans la forêt des épis de blé. Mais mon père est là, tranquille, en confiance. Dès onze ans, il me prête déjà sa Simca Aronde pour rejoindre les champs. Ce qui me donne confiance en la vie. A dix-huit ans, j'ai un accident de voiture quelques jours après avoir passé mon permis de conduire. Dans le village où nous habitons, je tourne à gauche sans regarder dans mon rétroviseur, au moment où une voiture me double. Le flanc gauche de la 2 CV est enfoncé, sans conséquences physiques pour moi. De plus, j'ai oublié de prendre la carte grise. Mon père arrive avec les papiers, fait le constat et me dit simplement en rentrant à la ferme : « C'est une bonne leçon pour toi, la prochaine fois tu feras plus attention ! » Ce que je m'efforce de faire, jusqu'à ce jour.

Une enfance plutôt heureuse à la campagne, rythmée par le retour des saisons et l'observation du temps qu'il va faire. Source de richesses ou de destructions, la météo est vitale pour un agriculteur. Faire pleuvoir ou arrêter la pluie selon les besoins dépend d'équations inaccessibles qu'il ne peut qu'accepter et anticiper. A l'image du végétal et de l'animal, j'ai donc grandi comme un petit homme confiant, relié à l'ordre naturel de la vie. Les événements arrivent comme prévu, un grand horloger s'assure que les aiguilles tournent rond et que les engrenages sont ajustés et huilés – d'ailleurs, j'observais souvent mon père la burette à la main s'activant auprès des outils agricoles avant de les utiliser.

Le matin de Noël, je descends de ma chambre émerveillé à l'avance par les jouets commandés, les chocolats et les oranges que je vais trouver au pied de l'arbre. Je suis serein, la veille ma mère m'a aidé à préparer mes chaussures qu'elle a cirées pour l'occasion. Longtemps, j'ai cru au Père Noël. Et puis un soir du 24 décembre, nous sommes allés en famille à la veillée dans l'église du village. J'ai grandi. En rentrant, je me couche de suite car il est tard. Après quelques instants, de façon non prévue je me relève et surprend mon père dans la salle à manger, un sapin dans les bras. « Et puis tant pis », me dit-il, « il est temps que tu saches ». De retour dans mon lit, je suis partagé entre la déception d'avoir perdu une illusion confortable qui structurait mon imaginaire, et la satisfaction d'avoir rejoint le monde des « grands », celui des initiés comme j'appellerai plus tard mes frères. J'avais bien quelques doutes sur la réalité du Père Noël depuis la mise en garde de Claudine, ma voisine un peu plus délurée que moi. Dans son habit rouge, portant un panier sur le dos, elle avait bien reconnu la corpulence et le pas de son père. Impossible à croire, les filles racontent tellement de sottises !

Contemplation active

Ma conception du monde s'est construite entre deux polarités, la campagne et l'école, avec mes parents au milieu. A l'époque, je suis une sorte de scientiste plein de certitudes, considérant que toutes les réponses existent quelque part, le plus souvent dans les livres, mais aussi dans l'observation de la nature et des personnes. Il y a les adultes qui connaissent la vérité et moi qui la cherche en apprenant. Je hante souvent la campagne, ma limite étant celle de mes jambes car je n'aime pas marcher longtemps. Alors, j'imagine ce qu'il y a derrière cette colline arrondie ou ce bois sombre. La petite rivière qui coule près de notre ferme devient le Mississipi dont je remonte les berges en me protégeant des indiens. A l'abri de bottes de foin, j'aime aussi découvrir la vie dans mes illustrés – je me souviens de Blek et de Pilote – qui me racontent les aventures extraordinaires du monde par l'histoire et la géographie, entre deux bandes dessinées humoristiques.

Comme le fidèle destrier du cowboy solitaire, mon vélo a repoussé mes limites d'exploration. Seulement de quelques dizaines de kilomètres car les côtes sont nombreuses. Avant la voiture, futur moment d'initiation à la liberté, mon vélo – un routier acheté d'occasion – m'a offert le moyen d'être libre de mes mouvements, de me déplacer au gré de mes pensées et de mes désirs, de me sentir vivre au travers de mon corps, par les muscles et les tendons vite douloureux, par l'air souvent froid sur le visage, les mains et les mollets, la pluie fréquente qui traverse le corps, les odeurs sucrées des fleurs, le sifflement du vent… Je suis davantage branché sur la recherche de l'exploit sportif – très relatif – que sur un état méditatif dont le concept m'est alors inconnu. Pourtant, sur mon vélo je suis une sorte de contemplatif actif, très conscient de mes sensations, me concentrant sur ma respiration, en communion avec la nature, en déplacement lent vers une destination inconnue, cherchant par paresse l'économie de mouvement.

En écrivant ces lignes, remontent la solitude et la liberté. Une solitude souvent agréable, emplie de sensations fortes et d'images foisonnantes alimentant ma liberté. J'avais de la peine à m'endormir car je m'imaginais dans un film de cowboys, tourné sur les lieux mêmes où je marchais ou pédalais. Plus tard, j'ai lu que « la solitude, c'est de s'ennuyer en sa propre compagnie ». Je ne m'ennuyais que d'un manque de stimuli et de sollicitations extérieures, notre ferme étant située au fond d'un vallon, à un kilomètre du village. Il ne se passait pas grand' chose, à la campagne les saisons et la nature donnent le rythme. Pourtant en bon introverti, concept inconnu à l'époque, j'ai perçu très tôt l'importance de me ressourcer avec moi-même, afin de remettre de l'ordre dans les événements passés et de préparer les étapes suivantes.

Bon élève, j'aime bien l'école, sorte d'excroissance de la maison. Mes parents m'aident dans mes études. Je suis reconnu de chaque côté. Je n'ai plus qu'à apprendre et restituer le plus fidèlement possible afin de réussir les « épreuves » pour passer dans la classe supérieure. Selon mes grilles actuelles, je suis davantage un enfant adapté – soumis puis rebelle – qu'un enfant libre créatif. Ce que dit un adulte est vrai, comme ce qui est écrit. Très tôt, j'ai lu le journal acheté par mes parents – L'Aurore –, un quotidien qui n'aime pas le désordre et présente sa version des choses comme la seule possible. Le dogme conservateur « Il n'y a pas d'alternative » était déjà présent. Pourtant, j'aimais cette fenêtre sur le monde, le canal de Suez, le premier Spoutnik et la politique française sur laquelle mon père avait un avis différent du mien. Ce n'était pas grave, rien qu'un jeu où nous pouvions discuter et forger nos arguments. Et puis, c'était mon père. La radio m'apporte une dimension plus vivante, plus jeune surtout avec la création d'Europe N°1 que ma mère me fait découvrir. J'imagine les visages et les vies derrière les voix. Souvent, j'écoute la radio dans le noir, pour rester concentré sur les feuilletons, les pièces de théâtre ou les informations. Je perçois l'univers en expansion qui ne demande qu'à être conquis, si possible en ligne droite continue.

Longtemps mon psychisme est resté bloqué au stade adolescent, devant toujours passer d'autres examens pour faire partie du monde adulte. Cette perception initiale de ma relation au monde nourrit encore aujourd'hui un manque de confiance en moi qui se manifeste souvent par un doute profond sur ma légitimité. Je continue à me percevoir différemment du monde des « grands », de ceux qui savent. Pourtant, à soixante-cinq ans j'ai plutôt bien assumé ma vie d'adulte responsable et engagé : fils, mari, père, ami, acteur économique et citoyen. Depuis le décès de mon père, je suis devenu le patriarche de la famille et par ailleurs grand-père. Mais j'ai conscience que cette perception m'a empêché de réussir une vie personnelle et professionnelle plus ambitieuse. Les avantages sont de structurer profondément ma relation au monde et de me maintenir en mouvement permanent de remise en cause et de recherche de vérité. Mon talent est d'être une éponge qui absorbe et qui transforme.

Les certitudes se fissurent

A cette époque, le concept de spiritualité m'est inconnu. Je ne me pose pas beaucoup de questions, je vis tranquillement. Je crois bien que Dieu existe, je lui parle parfois, comme à un grand-père compréhensif et bienveillant. La beauté du ciel étoilé, les mouvements du soleil et de la lune, l'harmonie des fleurs et la structure d'un flocon de neige – que je découvre à l'école – ne peuvent avoir qu'une source qui dépasse la seule intelligence des hommes. Je confonds aussi parfois Dieu avec la morale, les devoirs et les interdits. Il m'arrive même de négocier avec lui. Mes parents et grands-parents sont catholiques non pratiquants. Je grandis dans cette ambiance où la religion est un devoir social comme un autre, une apparence de conformité à afficher. Baptême, catéchisme, communion solennelle, confirmation... Ce n'étaient pour moi que des examens de plus à réussir pour passer à l'étape suivante, vers l'état d'adulte, en ingurgitant « par cœur » un nouveau savoir. Dieu, Jésus, Marie et les Anges vivaient bien dans mon imaginaire, mais au même titre que les personnages historiques ou mythologiques.

Rétrospectivement et à mon insu, le mouvement de fissuration de mes certitudes s'est manifesté par plusieurs événements. Jusqu'au Bac, je maîtrise chaque année l'acquisition progressive du savoir. Malgré mes notes très limites et grâce au culot de ma mère forçant la porte du proviseur, je réussis à intégrer la section maths sup du lycée Louis-le-Grand à Paris, constituée en majorité des premiers au Concours général. De premier de la classe pendant toute ma scolarité, je passe l'année bon dernier, sans réel challenger. Le plus difficile à vivre n'est pas mon classement, qui me vaut paradoxalement une certaine reconnaissance compassionnelle de la part des crânes d'œufs, mais de constater que les maths et la physique, matières où je pensais exceller, par leur nouvelle abstraction me sont devenues une langue étrangère. Je me replie alors sur ma seule stratégie connue de mémorisation et de structuration du savoir, acquis par la lecture de livres, de polycopiés et d'annales des concours, ainsi que sur le respect scrupuleux des attentes et des règles du jeu des professeurs. Mon esprit rebelle ne s'est développé que plus tard ! Après la joie et le soulagement d'intégrer HEC, une autre difficulté m'attend. Les professeurs parlent d'entreprises, d'organisation et d'économie et les autres élèves semblent à l'aise avec ces objets qui pour moi restent largement non identifiés. La simple organisation d'une soirée musicale sur le campus me laisse en plein désarroi : réaliser la publicité, la billetterie, les contrôles, le transport des choristes et des musiciens en car depuis Paris, la prise de parole en public pour présenter la soirée… Je me trouve confronté à nouveau aux limites de mon système de croyance et d'apprentissage.

Pourtant le monde m'attire et l'audace ou l'inconscience ne me manque pas. Je pars au Mexique sept semaines pour étudier la politique économique du gouvernement et rédige un mémoire bien accueilli par mon professeur. Mes études terminées, je rentre au Laboratoire de Recherche Economique de l'INRA – Institut National de Recherches Agronomiques – et deviens responsable des secteurs surgelés et restauration collective, à l'époque en pleine innovation et croissance. A ma grande surprise, le feed-back des chercheurs seniors porte sur la créativité de mes travaux et les ponts créés entre plusieurs disciplines. Toujours incrédule, je me souviens de mes questions insistantes sur la réalité de ma valeur ajoutée. Attiré par l'étranger et fuyant déjà la pollution de la région parisienne, je pars en Haute-Volta (aujourd'hui Burkina Faso) comme VSN – Volontaire du Service National – dans une société cotonnière. Lors de notre premier contact à Paris, le DRH me propose un poste de contrôleur de gestion à Bobo Dioulasso. J'accepte avec enthousiasme et, de retour chez moi, je m'empresse de localiser cette ville dont j'entends le nom pour la première fois. Je recherche aussi mes cours de contrôle de gestion, matière pour laquelle j'avais peu d'intérêt pendant mes études. Le poste et l'environnement m'ont plu, j'y reste trois ans en prolongeant mon contrat. Mais je ne peux créer un nouveau tableau qu'en le copiant depuis un autre trouvé dans un livre, un cours ou un historique, et en l'améliorant à la marge.

Ces exemples récurrents montrent bien ma difficulté initiale devant l'inconnu, l'abstrait et l'esprit. Un tropisme très puissant me ramène vers le connu, le concret et la matière. Pourtant, je ne suis plus un scientiste positiviste et je cherche déjà avec constance des réponses à mes questions existentielles très nombreuses. Je traverse mai 1968 en combattant les conservatismes par le verbe et en respirant ce souffle de liberté à pleins poumons. Mon expatriation en Afrique noire me permet de participer activement à la politique d'africanisation en formant au contrôle de gestion et au management des Voltaïques, des Tchadiens et des Ivoiriens. Sans m'en apercevoir, l'Afrique me rend perméable à des mondes parallèles inconnus des grilles de la logique : la divination par les coquillages, les rituels animistes ou magiques, la vie en prise directe avec la nature où je retrouve les sensations de mon enfance, la relation non causale entre différents événements de la vie, la transmission orale de la tradition et d'autres informations auxquelles je n'ai pas encore accès consciemment. Même agréable, facile et utile, la vie quotidienne ne me suffit plus. Je ne suis pas venu sur terre pour remplir des tableaux de chiffres, gérer ma carrière et faire la fête avec mes amis. La naissance de mon fils est le signe qu'une autre naissance doit advenir, mais cette perception reste tellement floue !

Entrée en franc-maçonnerie

Cette fameuse année 1975, je rencontre un conseiller en assurances, ami de ma belle-famille. La conversation se porte sur les OVNIS, ces objets volants non identifiés qui occupent beaucoup les médias à cette époque. Je lui affirme avec certitude et conviction l'impossibilité de leur existence et reste coi devant sa réponse : « Comment peux-tu être certain que la vie n'existe que sur Terre, qu'il n'y a pas d'autres intelligences ailleurs, les probabilités nous indiquant en fait le contraire. Etre certain que la vie n'existe pas en dehors de la Terre relève d'un ethnocentrisme arrogant indigne de notre soi-disant intelligence ! » L'être qui me parle avec bienveillance est calme, digne de confiance par son métier et sa proximité avec la famille. Trente-six ans plus tard, j'ai encore cette sensation d'une fissure dans une coquille d'œuf ou d'une chaussée qui se crevasse lors d'un tremblement de terre. Il avait raison et je vivais alors avec des œillères. Nous continuons cette conversation lors de nos rencontres suivantes et cette personne, devenu un ami, m'apprend qu'il est franc-maçon et me propose de le rejoindre. Il me parle d'humanisme, de tolérance, de liberté, d'égalité et de fraternité – je découvre que la devise de la République française est d'abord maçonnique –, de recherche spirituelle et d'engagement pour le progrès matériel et spirituel de l'humanité. Je connais peu la maçonnerie qui a pour moi l'image d'une secte traditionnelle et archaïque, très éloignée du monde moderne dans lequel je cherche ma place. J'entrevois que je vais enfin pouvoir combler un manque profond, une sensation de vide qui s'accroît de jour en jour. Mon ami, devenu mon frère présentateur[1], m'oriente dans le choix de l'obédience et de la loge. Il me conseille la Grande Loge de France (GLDF) qui a une approche spiritualiste acceptant facilement les catholiques et ceux qui croient en Dieu, par rapport au Grand Orient de France (GODF) centré davantage sur la laïcité. La loge de Saint-Germain-en-Laye dans les Yvelines m'est recommandée pour la qualité de son travail symbolique. La confiance ainsi installée, je poursuis ma quête jusqu'à mon initiation.

Cette entrée en franc-maçonnerie a structuré ma vie personnelle et professionnelle, matérielle et spirituelle, et continue à alimenter mes recherches en donnant un cap et un sens à ma vie. Je peux ainsi aller davantage à l'essentiel et vivre plus souvent cet *otium*, cette disponibilité intérieure rendue difficile par la prégnance du *negotium*, l'activité marchande qui rythme les heures productives. J'ai pris conscience d'entrer dans une autre dimension et de m'ouvrir à d'autres possibles. Ma vie ne se limite plus à reproduire par imitation ce que d'autres ont découvert avant moi. Je peux maintenant créer par moi-même en m'appuyant bien entendu sur la tradition et sur l'énergie des frères. Je participe à la construction du monde avec une méthode intuitive et symbolique qui me donne accès à

---

1 Frère Maître d'une loge présentant la demande d'un candidat à l'entrée en franc-maçonnerie.

une autre forme de conscience, à d'autres champs d'information et au Grand Architecte de l'Univers.

Premiers élans spirituels

DOMINIQUE

Qui habite le ciel ? Que fait-on dans une église, pourquoi la dame est-elle à genou ? Rapidement chaque enfant rencontre le divin dans l'observation banale de son environnement ou dans les réponses qu'il reçoit à ses questions. Quelle mémoire garde l'adulte de ces imprégnations initiales ? Pour ma part, je n'en conserve aucun souvenir. Je me rappelle par contre avec une vive acuité les moments heureux passés avec mes grands-parents à la campagne et mes cris, à chaque retour, quand il s'agit de regagner le foyer familial. Aujourd'hui devenue maman, je comprends malgré tout le désarroi de la mienne devant les hurlements d'une petite fille de trois ans, trépignant à la perspective de retrouver sa compagnie. Je vois encore précisément les images d'une descente de train où je pleure toutes les larmes qui m'habitent devant ma mère venue m'attendre sur le quai.

A cinq ans, une marchande de journaux avec qui ma mère converse volontiers, me transmet la tuberculose. En quelques semaines, je suis trop affaiblie pour qu'il soit question de rester à la maison. Et me voici emmurée dans une chambre de sanatorium que je n'ai pas le droit de quitter pendant six mois. J'y expérimente l'absence sinistre des membres de ma famille et la cruauté des autres petits patients qui se vengent sur la nouvelle de notre malheur commun. La compassion chaleureuse de l'équipe soignante sert de contrepoids, mais dans une mesure bien insuffisante.

Alors que je n'ai pas le droit de quitter mon lit, je me faufile souvent hors des draps et m'approche silencieusement de la porte-fenêtre qui ouvre sur une longue coursive de béton gris. Le front appuyé à la vitre fraîche, je regarde les grands arbres du parc perdre graduellement leur feuillage, puis balancer leurs branches décharnées à l'orée de l'hiver. Il n'y a plus trace de vie dans le parc, tout est sombre et triste comme mon existence dans cet hôpital. Ces squelettes d'arbres ressemblent aux malades que je croise dans les couloirs, lorsque je descends au sous-sol pour des séances de radiographie.

Au printemps, je me prends d'une passion pour les hannetons agonisant sur le balcon. Ils gisent sur le dos, les pattes en l'air. Si certains agitent encore vainement leurs élytres, la plupart sont déjà inertes. En regardant ces insectes que la mort pétrifie, je me demande si je finirai ainsi, toute raide et abandonnée, comme ces malheureuses bestioles. Je pose des questions aux infirmières qui viennent me remettre prestement au lit. Pourquoi ces insectes meurent-ils, ont-ils eux aussi attrapé une maladie ? Elles finissent par m'interdire de m'approcher de la fenêtre, sous prétexte que le contact du sol froid sous mes pieds nus va retarder ma guérison.

Le petit paradis campagnard où habitent mes grands-parents, entourés de chiens de chasse, de poules, de pintades et de pigeons dans un tintamarre si vivant, est bien loin... Je finis par montrer des signes de guérison mais dois encore passer l'été « au bon air de la montagne ». Ces trois mois supplémentaires sont prescrits par le médecin chef qui écarte sans pitié mes suppliques pour rentrer à la maison. Tout plutôt que cette solitude affreuse qui me fait perdre l'appétit et m'enlève jusqu'au goût des aliments !

Dans les Alpes vaudoises, le sanatorium choisi pour ma convalescence est tenu par des sœurs coiffées de grandes cornettes blanches. Ces ailes les obligent à occuper le milieu des couloirs, contraignant enfants et adultes à se plaquer au garde à vous contre les murs. Leur air revêche et la discipline implacable qu'elles font régner sur leurs malades de tous âges, finissent de me désespérer.

Regroupés sur un étage, les petits patients que nous sommes, formons une fois par semaine un long cortège pour descendre à la chapelle. Assis sur des bancs inconfortables, nous devons nous tenir aussi silencieux qu'immobiles pendant une messe interminable dont je garde peu d'images. Je suis trop préoccupée par les énormes araignées noires qui se pourchassent sur le sol. Je m'applique à lever mes pieds aussi haut que possible, en essayant de ne pas attirer l'attention de la surveillante, et je crois que je prie Dieu pour la première fois, afin que l'un de ces monstres velus n'ait pas la mauvaise idée de grimper le long de ma jambe.

Mes premières années s'écoulent ainsi, teintées davantage de tristesse et d'une sensation d'abandon, que d'insouciance joyeuse. En rentrant à la maison, il me faut rattraper le retard accumulé sur le plan scolaire. Ma mère me confie à une institutrice à la retraite chez qui je passe quatre après-midi par semaine. Je rentre chargée de devoirs et ma mère exige que je me remette aussitôt à la tâche, sans prendre le temps de m'amuser. Cet emploi du temps, auquel je ne suis pas habituée, me paraît un fardeau harassant pour une petite fille de six ans.

Mont-Olivet

Quelques mois plus tard, je suis admise dans une institution catholique dirigée par les Soeurs de la Présentation de Marie et réservée aux filles. Bien que ma famille soit protestante non pratiquante, mes parents ont choisi cette école pour que je reçoive une bonne éducation. Est-ce une façon pour eux de se décharger de cette tâche ? Bien des années après, lors d'une réunion de classe organisée pour fêter le vingtième anniversaire du baccalauréat, j'aurai la surprise d'apprendre que la plupart de mes compagnes ont souffert de mères distantes, peu portées aux démonstrations de tendresse. Pendant notre scolarité, cette similitude nous avait totalement échappé.

La fréquentation de l'Institut Mont-Olivet, entouré d'un parc somptueux, me procure un immense soulagement. Sœur Marie, chargée du cours préparatoire, me prend en affection. Avec bonté, elle décrète que mon retard est si négligeable que je saurai vite le rattraper. Je passe enfin une période agréable, car outre la compagnie de mes camarades, je découvre un univers magique, empli de lumière et de signes mystérieux : la chapelle. Les élèves externes, dont je fais partie, ont l'obligation d'assister à la messe tous les vendredis matin. Alors que la plupart de mes camarades catholiques n'y voient qu'une corvée supplémentaire, j'assiste aux célébrations le cœur ardent, enflammé par la présence du sacré. Les lustres dorés, les cierges, les paroles rituelles, les chants en latin, le tintement aigu des clochettes pendant la consécration, tout irradie la Présence divine. Bien qu'il me soit interdit de communier, je suis au comble du ravissement d'approcher Dieu d'aussi près. Le tabernacle, dont l'or brille doucement derrière l'hôtel, me fascine autant que la petite flamme rouge qui vacille juste au-dessus, indiquant que Dieu est bien là.

Aux grandes vacances suivantes, mes parents m'envoient passer l'été dans un home d'enfants en montagne. La raison qui m'est donnée pour expliquer ce nouvel éloignement, programmé désormais chaque année, tient bien entendu à ma santé. Je suis pourtant totalement guérie, comme le confirme le médecin chef qui continue à me suivre. J'en viens à penser que mes parents, couple fusionnel s'il en est, m'éloignent pour passer des vacances en tête-à-tête et s'envoler sans entrave à l'étranger. Que me reste-t-il pour me consoler dans le grand chalet de Villars-sur-Ollon ? Quelques amies trouvées dans le groupe d'enfants, que leurs parents exilent pareillement, mais surtout la nature. Les caresses que ma mère ne m'a pas prodiguées, je les trouve à profusion et à volonté sous les arbres, dans les hautes herbes, en compagnie des fleurs que je respire avec enchantement.

Pendant l'heure de la sieste, les pensionnaires sont installés sur des lits de camps devant le chalet, à l'ombre de quelques vieux mélèzes. Je réclame toujours la même place, sous une branche basse. Au gré de la brise d'été, les aiguilles douces viennent me chatouiller la joue. Les yeux fermés, je goûte intensément leurs caresses. Dans l'après-midi, prétextant la fatigue, je quitte souvent les jeux organisés dans la prairie derrière le chalet, pour aller m'allonger à l'écart sur une petite pente oubliée par la faux. La terre me chauffe doucement le dos, les herbes odorantes m'effleurent bras et jambes, une sauterelle vient me rendre une visite inattendue et le ciel m'envoie des clins d'œil d'encouragement, modelant de petits nuages en forme d'animaux juste au-dessus de ma tête. Quel bonheur ! Je suis comblée par tant de prévenances terrestres et célestes, et étourdie par un zéphir d'odeurs ineffables. Puis la voix de la monitrice me rappelle à l'ordre et je redescends, rayonnante de la tendresse reçue, prendre mon goûter avec les autres.

Au pensionnat, l'enseignement de l'histoire sainte naturellement inscrit au programme, est celui que je préfère. Avec la poésie, ce sont les seules matières que j'apprends volontiers par cœur, tout à la fois saisie par les dangers qui menacent la vie de l'enfant Jésus, l'amour de Marie, sa mère si merveilleusement attentionnée, et la protection infaillible de Dieu le Père, dont l'amour puissant ira jusqu'à ressusciter son Fils. Sous prétexte que je reçois les fondamentaux de la religion en classe, mes parents ne m'inscrivent pas à l'Ecole du dimanche protestante, échappant ainsi à la contrainte de m'y conduire au matin dominical. Pendant la première partie de ma scolarité, je n'aurai de ce fait aucun contact avec ma religion d'origine.

En quête de signes

Vers l'âge de dix ans, j'apprends l'histoire de Sainte Bernadette et des apparitions de la Vierge Marie. Je suis si impressionnée que je me mets à rêver de vivre pareil miracle. Le parc de l'institut s'enfonce à l'Est, dans un petit vallon creusé par un cours d'eau désormais canalisé. Sous les hautes ramures des arbres, les sœurs ont fait ériger une sorte de réplique de la grotte de Lourdes, avec une petite statue de Marie posée à mi-hauteur, dans un enfoncement de la paroi. Aussitôt que l'absence des surveillantes et le beau temps le permettent, je m'y rends seule pendant les récréations. Je récite des *Je vous salue Marie* de tout mon cœur, demandant à la Sainte Vierge de bien vouloir renouveler ses apparitions à la petite fille que je suis. Je conserve les yeux bien fermés et les rouvre de temps en temps, avec l'espoir fou d'apercevoir la statue bouger ou quelque autre signe merveilleux. Finalement mes absences sont remarquées et à mon grand chagrin, je dois cesser mes escapades à la grotte.

J'entreprends alors d'afficher ma foi en faisant le siège de mes grands-mères. Possèdent-elles des croix qu'elles pourraient me donner ? Je me retrouve avec une petite collection de croix anciennes, de différentes tailles, serties de pierreries. Ma préférée est une croix de cristal de cinq centimètres de haut, aux extrémités en argent, garnies de petites améthystes. Je la porte fièrement sur mon chemisier et m'attire ainsi les compliments des professeurs. Sœur Saint Jean me demande un jour pourquoi j'arbore une croix aussi voyante. Je lui réponds – ainsi qu'elle me le rappellera plus tard, tant l'épisode l'avait marquée – que cette croix ressemble à celle que portent toutes les sœurs et que j'entends les imiter. Ces signes un brin ostentatoires ne tempèrent pas mon regret de ne pouvoir communier, comme mes camarades catholiques. Je ressens de plus en plus cette exclusion comme une véritable injustice et un barrage au bonheur.

A douze ans, je confectionne un petit autel à l'aide d'un triptyque de poche représentant la Vierge Marie, que m'a offert ma mère, plusieurs images saintes et un rouleau sur lequel j'ai consigné différents vœux pour ma famille. Je cache le tout derrière la cage de mes canaris, pour échapper aux plaisanteries de mon père que mon zèle religieux désarçonne. Un dimanche d'été, le ciel est si bleu, les montagnes enneigées si étincelantes sous le soleil de midi, le Lac Léman si lisse, reflétant en parfait miroir la beauté inouïe du paysage, que je reste assise sur le rebord de ma fenêtre, captivée par tant de pureté. Cette splendeur naturelle manifeste incontestablement l'existence de Dieu. Je me mets à le remercier à ma manière enfantine, le cœur débordant de gratitude. Une hirondelle vient pousser son cri devant ma fenêtre et repart aussitôt dans l'éther. Son chant me met à l'unisson du spectacle grandiose qui m'est offert. Je vois alors les montagnes, le ciel et le lac entrer en vibration. Une jubilation intense, qui participe à celle du paysage, m'embrase d'un seul coup. Devant moi, plus rien n'est matière, tout n'est qu'une immense et glorieuse vibration cosmique. Le phénomène dure probablement moins d'une minute puis le paysage se redensifie et reprend son aspect habituel. La magnificence que je viens d'apercevoir et la joie qui m'habite font ruisseler de longues larmes que je ne pense même pas à essuyer. Je suis envahie d'une reconnaissance infinie pour Dieu, qui confirme ainsi sa Présence et justifie ma foi. Je viens de vivre ma première expérience mystique et je la garde dans le secret de mon cœur.

Puis se dessine l'adolescence et ses préoccupations profanes. Quoi de plus banal à cet âge que de penser davantage à son aspect extérieur qu'à prier ! Notre aumônier, lors de ses passages en classe, ne manque pas d'insister sur les péchés et les tentations qui nous guettent. Ses mises en garde contre les avances des garçons et le danger d'échanger le moindre baiser, ne plaisent guère à la classe. Nos sourires narquois et nos chuchotements dissipés en disent long sur le peu de crédibilité que nous accordons à ses conseils.

Retour au protestantisme

Je décide de mettre momentanément mes aspirations religieuses de côté, me réservant de les retrouver lors de l'instruction religieuse protestante qui débute à quatorze ans. Quelle déception ! Dans la salle de paroisse attenante au temple de mon quartier, je ne retrouve rien de la religion que j'ai apprise à aimer. La Sainte Vierge est effacée, envolés aussi la présence du sacré et les magnifiques sermons de l'aumônier, inspirés par Saint Augustin. Chez le pasteur chargé d'amener notre groupe à la confirmation, je ne décèle aucune élévation équivalente à celle des prêtres que j'ai côtoyés. L'affligeant dénuement du temple ne porte guère à la prière, pas plus que l'enseignement trop moraliste des Evangiles. Je vis ces deux ans comme un appauvrissement de l'âme et de ma foi... Malgré tout, je conserve encore l'espoir de retrouver mon élan intérieur et un certain état de grâce lors de la première communion qui, chez les Protestants, coïncide avec la confirmation.

Pour nous y préparer, le Pasteur a demandé à chaque futur confirmé de choisir dans la Bible les versets qu'il souhaite voir inscrits sur le diplôme qu'il recevra à l'issue de la cérémonie. Je me plonge dans les Psaumes et trouve enfin les paroles qui font écho à ma foi. *« Sois pour moi un roc de force, une maison fortifiée qui me sauve, car mon rocher, mon rempart, c'est Toi »*, Psaume 31. Lors de l'entretien privé rituel avec le pasteur, j'explicite mon choix. Il trouve sans doute mes recherches insuffisantes car je dois poursuivre mes investigations. Quelque temps plus tard, je reviens tristement bredouille : impossible de trouver d'autres paroles qui me correspondent autant que les premières !

Malgré le plaisir de voir pour la première fois ma famille réunie dans l'assemblée, la cérémonie de confirmation se déroule de manière anodine. Pendant la communion, je n'éprouve rien de particulier : l'émotion et l'état de grâce ne sont décidément pas au rendez-vous. Lorsque j'ouvre la double page de mon diplôme, j'ai la mauvaise surprise de lire le verset qui m'a été attribué: *« Celui qui veut sauver sa vie la perdra, mais qui perd sa vie à cause de moi la gardera»*, Matthieu 16,21. Un verset difficile et peu d'actualité pour une adolescente anxieuse à la perspective de construire sa vie. Le découragement me saisit et je décide d'en rester là, de fermer la porte à la religion, la protestante n'étant pas de mon goût et la catholique restant inaccessible. Au cours de mes promenades et des baignades estivales, je cultive simplement le contact privilégié que j'ai avec la nature : le ciel veille à ma sécurité et l'eau me soutient, m'entoure et me caresse comme une vraie mère.

Bouddhisme et recherche de la connaissance

Après mon baccalauréat, ne sachant vers quelles études me tourner, je pars une année aux Etats-Unis comme jeune fille au pair. Un temps de liberté et de détente intellectuelle que je savoure pleinement, après une fin d'adolescence passée le nez dans les livres ! A mon retour en Suisse, pressée de quitter le foyer familial, je m'inscris dans une école de publicité et un an plus tard, juste avant de fêter mes vingt ans, je commence à travailler dans une agence de communication. Dans mon petit cercle d'amis, je fréquente assidûment un étudiant en architecture qui, ne trouvant pas les réponses qu'il cherche dans le christianisme, s'intéresse au bouddhisme, aux théories sur le lâcher prise et à la communion de l'homme avec le cosmos, autant de thèmes favoris du New Age. Ce mouvement né en Californie dans la mouvance du Peace and Love des années soixante, s'attache à nourrir la part spirituelle de l'homme, à ranimer ses liens avec la nature et le cosmos, anémiés par le matérialisme ambiant. J'épouse ces recherches avec d'autant plus de bonheur qu'elles correspondent à mes aspirations restées en suspens.

Peu de temps après avoir décidé d'habiter ensemble, nous apprenons que Maître Taisen Deshimaru, moine japonais que ses maîtres envoient répandre le bouddhisme zen en Europe, va donner plusieurs séminaires de Zazen dans les Alpes suisses. Nous participons à deux sessions de méditation avec enthousiasme. Puis, seule ou en couple, je continue à pratiquer Zazen à intervalles réguliers. La simple assise en silence sur un coussin, l'attention fixée sur l'inspir et l'expir, me procure le calme intérieur que je recherche. Peu à peu, j'apprends à apprivoiser cette présence intime, ce lac de tranquillité étale, cette attention sans objet, affranchie du temps. La conscience qu'une force plus grande traverse le corps et que son énergie, universellement partagée, touche au sacré de la Vie me devient coutumière. Je me lance avec passion dans la lecture des ouvrages d'Arnault Desjardins, de Krishnamurti, et dans L'Art du tir à l'arc d'Eugen Herrigel, qui éclaire la puissance du non mental et du lâcher prise pour atteindre une cible.

Le point d'orgue de cette étape se déroule à Lodève, lors d'un séminaire de Zazen sous la conduite de Maître Deshimaru. Sept heures d'assise quotidienne, le silence pendant les promenades et les repas, où nous est servie une cuisine strictement macrobiotique, achèvent de mettre à jour ma nature contemplative. Pas facile dès lors de replonger dans la réalité, en particulier dans le monde et l'urgence d'une agence de pub ! Pour la première fois, je me mets en danger sur le plan professionnel. Le sentiment de supériorité qui m'accompagne depuis le stage, passe mal auprès de mes collègues et de mon patron. J'essaie de les convaincre de l'importance de la méditation dans une vie active, qui pourrait manquer son but sans une pratique spirituelle. Les moues dubitatives et les remarques insidieuses sur mon travail me font rentrer dans le rang et garder mes recherches pour moi.

Parallèlement, une petite voix intérieure me souffle que si la méditation aboutit à me séparer des autres, à considérer ceux qui ne partagent pas mes convictions comme des imbéciles, elle manque précisément sa cible. Les enseignements qui encadrent la pratique de Zazen, mettent en garde les novices contre les retours de bâton de l'ego : le travail intérieur nécessite d'être suivi par un maître. Comme Lausanne ne possède ni dojo, ni guide capable de m'orienter dans cette progression, j'abandonne la partie. D'ailleurs, j'ai décidé de passer une licence en sociologie et ces études, que j'effectue en conservant mon travail à mi-temps, m'occupent totalement l'esprit.

L'accident

J'ai trente et un ans, un travail qui me comble dans un groupe de presse où j'ai fait, trois ans plus tôt, la connaissance de mon mari. Pour l'épouser, j'ai quitté mon premier compagnon qui se complaisait dans l'immobilisme de notre couple de célibataires. L'appel de la trentaine, avec l'envie de fonder une famille, m'a donné le courage de mettre fin à cet amour juvénile et de m'attacher à Antoine, dont l'activisme et les ambitions professionnelles me rassurent.

Pendant nos loisirs, je l'encourage à monter à cheval, sport que je pratique depuis l'enfance. Chaque week-end, nous partons faire des balades dans la campagne, en compagnie d'un moniteur et de quelques passionnés. Le club vient d'acquérir un nouveau cheval, un trotteur bai qu'il faut habituer à la monte et aux sorties dans la nature. Je n'ai ni la force ni l'entraînement pour dominer cette bête magnifique, à la tête racée, aux allures impérieuses, mais j'en rêve... J'en rêve si bien qu'une nuit, me voilà sur son dos, maîtrisant parfaitement l'étalon. Sa bouche écume et son encolure ploie magnifiquement, faisant saillir les muscles sous le pelage trempé de sueur. Au réveil, je me réjouis de cette chevauchée et réalise que bientôt, lorsque le cheval sera mieux dressé, je pourrais sans doute le monter et vivre le bonheur éprouvé en songe. L'occasion m'en est donnée deux mois plus tard. Des débutants se sont joints à notre groupe pour une sortie en forêt. L'attribution des chevaux fait l'objet de longues négociations. Pour sortir de l'impasse, je donne le cheval dont j'ai l'habitude à Antoine, moins expérimenté que moi, et j'accepte avec quelques appréhensions malgré mon rêve prémonitoire, de monter le trotteur. La ballade se termine par une chevauchée cauchemardesque. Je suis incapable d'arrêter le cheval qui s'est emballé et rentre tout droit à l'écurie. En réalisant que nous allons traverser à plein galop une route fréquentée, mes genoux lâchent et c'est la chute. Je bascule en arrière, mon pied gauche reste pris dans l'étrier. Il se libère enfin avec un claquement sec au niveau du genou. Je me reçois brutalement sur le sol et le cheval poursuit seul sa course endiablée.

L'épilogue de cette aventure n'est pas celle que j'entrevois sur le moment. Après trois jours d'attente à l'hôpital, le chirurgien essaie de reconstruire mon genou dont quatre ligaments ont été arrachés. L'opération dure plus de six heures. Au réveil, je suis en état de choc car je me suis crue morte, tant l'anesthésie a été longue et fortement dosée. Lorsque je réalise que je suis vivante, allongée dans mon lit et dans ma chambre provisoires, la joie me submerge. Un chant de gratitude inextinguible monte en moi et je remercie Dieu de m'avoir accordé la grâce de poursuivre ma vie. Dès lors, ce don de vie illumine le quotidien. Moi qui étais encline à la critique, sport familial entre tous, j'apprécie sans retenue ce qui m'entoure : la lumière qui coule par la grande fenêtre de la chambre commune, les sourires et les gestes attentionnés du personnel soignant, le miracle de manger des aliments frais et bien préparés, le blanc immaculé des draps, leur toucher légèrement rugueux qui me rappelle ceux qui garnissaient mon lit chez mes grands-parents, la proximité de mes neuf compagnes de chambre dont les innombrables bavardages et les ronflements nocturnes ne me dérangent plus, puisque désormais ils sont signes de Vie. Ce changement profond ne me quittera plus. J'ai eu si peur de perdre l'existence et voici qu'elle revient avec une profondeur nouvelle, un goût tellement plus savoureux...

Pendant les dix jours où je dois rester parfaitement immobile, la jambe opérée maintenue dans une gouttière, j'ai tout loisir de réfléchir à l'accident, qui m'a valu également une fracture du nez et une commotion cérébrale. Mon premier mouvement est de penser que mon altruisme n'a guère été récompensé. J'ai fait passer la sécurité d'Antoine avant la mienne, et au vu des conséquences, on ne m'y reprendra plus ! Pourtant le rêve prémonitoire m'interpelle. N'est-ce pas mon orgueil qui a fait naître ces images, où je chevauche le bai avec succès, alors que je doutais de mes capacités à maîtriser un tel animal ? Le rêve ne m'a-t-il pas poussée à prendre des risques exagérés ? Avait-il pour fonction de me faire vivre une expérience nouvelle, de m'amener à apprécier la Vie d'une façon plus intense et plus profonde ? Comme dans le combat de Jacob avec l'Ange, que je lirai bien après cet épisode, je ressors de l'accident boiteuse, mais illuminée de l'intérieur.

Pendant les longs mois de convalescence, je prends conscience d'avoir vécu une expérience spirituelle. Ce qui a failli me coûter la vie me la rend pleine et abondante. Dorénavant, je me mettrai au service de cette Vie, qui se révèle si précieuse. C'est aussi à partir de ce moment-là que je m'interroge sérieusement. Pourquoi ai-je perdu l'habitude de prier, pourquoi mes élans mystiques se sont-ils estompés ? Est-ce l'influence d'Antoine qui ne veut plus entendre parler de religion ni de Dieu depuis la mort de son père ? Je ne lui reproche pas cet hermétisme, car l'une des raisons qui m'ont convaincue de l'épouser, était son désir à vingt ans de devenir pasteur. Même si le décès paternel a mis un terme à ses études de théologie, j'imagine qu'au fond de lui, il continue à aimer Dieu sans se l'avouer. Et un pasteur potentiel ne peut se révéler mauvais mari ! Malgré les excuses que je lui trouve, je regrette cependant d'avoir renoncé, sous sa pression impérative, à un mariage religieux. Me pèse aussi notre absence de dialogue sur tout sujet lié à la religion ; la spiritualité n'est guère vivante dans notre union. Lorsque mes réflexions stigmatisent ce manque, je me console en considérant que notre amour en tient lieu. Après tout, la religion est une affaire personnelle, et rien ne m'empêche de pratiquer de mon côté... Je recommence ainsi timidement à prier, ou plutôt à inclure Dieu dans mes pensées. Une seule fois, je parlerai à Antoine de mon désir de me rapprocher de la paroisse protestante. J'évoque l'obligation que nous aurons de conduire notre futur enfant à l'Ecole du dimanche. Le sourire narquois qui accompagne sa réponse cinglante « Tu iras toute seule ! » me sert de leçon.

Boire la vie jusqu'à la lie

Au bord du lac cet après-midi-là, en marchant à grandes enjambées dans les feuilles mortes, je me sens devenue une femme accomplie. Un mari, un enfant de trois ans, un métier de rédactrice free-lance momentanément en veilleuse, une maison de ville dont Antoine a hérité, que demander de plus à trente-huit ans ? « Je suis devenue autonome.» Sur l'instant, ce sentiment qui arrive sans crier gare, me surprend. Antoine est parti travailler trois semaines au Canada, avec une petite équipe de collaborateurs. Sans doute son absence, que je vis plutôt bien, me porte-t-elle à ce constat. Je poursuis ma promenade dans le sous-bois, lorsque monte en moi cette phrase incompréhensible : « J'ai envie de boire la Vie jusqu'à la lie ». Elle me saisit si fortement que je suis obligée de ralentir le pas. Je suis folle, folle à lier. Voilà que j'entends maintenant une voix, et qui me tient un discours insensé ! Que veut dire boire la Vie jusqu'à la lie ? Je pense, en frissonnant, au calice du Christ et aux souffrances de la Croix. Ma pauvre fille au lieu de dérailler, tu ferais mieux de rentrer et d'aller récupérer ton enfant à la garderie... Mais au-delà de cette condamnation spontanée, comment ne pas reconnaître le désir qui s'empare de ma conscience avec tant de clarté et de puissance ? Force est d'avouer que j'ai envie de connaître autre chose de la Vie, une autre face de l'existence que ce premier aboutissement auquel je suis parvenue. Et qu'il me tarde d'explorer ces autres dimensions. Ebranlée par cette révélation soudaine, j'accélère à nouveau le pas pour retrouver ma voiture.

Cette petite voix du cœur, je la connais bien sûr, même si je me défends quand elle se manifeste. Plusieurs fois, elle m'a alertée aux tournants de mon existence. Elle est si péremptoire que, malgré mes mouvements de révolte, je ne peux lui opposer de résistance. La première fois, c'est en Allemagne, au cours d'un séjour linguistique. Dans notre bande, plusieurs étudiants prennent du LSD et l'un d'entre eux m'en propose lors d'une soirée en discothèque. Pendant que je regarde, indécise, le cachet blanc au creux de sa main, un « non » impératif fuse à l'intérieur de moi. Je sursaute devant cet ordre inattendu et j'obtempère. Malgré l'insistance du garçon et au risque de me faire exclure du groupe qui m'observe, je refuse la proposition. Dix ans plus tard, peu avant mon mariage avec Antoine, au retour d'un après-midi de shopping, je suis désarçonnée par une phrase qui s'impose tout à coup à mon esprit : « Je vais à l'abattoir ». Cette fois-ci, je la balaie avec la conviction que l'amour est plus fort que tout et que je n'ai pas peur. J'hésiterai cependant plusieurs jours à maintenir notre projet d'union puis je consentirai à nouveau. On ne revient pas sur une parole donnée !

A l'abattoir, j'y suis désormais menée et je vais effectivement boire la coupe jusqu'à la lie. Ces deux pensées prémonitoires trouvent leur accomplissement pas plus tard qu'au retour d'Antoine. Au Canada, il a noué une relation avec une assistante plus jeune que moi. Il hésite quelques mois, puis c'est la séparation. La douleur attisée par ses hésitations et par la souffrance de l'enfant qui observe silencieusement notre naufrage, me torpille. Un soir, prise d'une impulsion subite, je me jette à genou dans le salon : « Mon Dieu, je t'en supplie, sauve-nous, l'enfant et moi ! ». Depuis tant d'années, c'est la première fois que je recours vraiment à la prière. Je m'y jette toute entière, de tout mon être, de toute mon âme, avec les dernières forces que me laisse le désespoir de voir mon mariage anéanti.

En psychothérapie

Cette supplique a pour effet de me rassurer : je ne sais comment le secours divin va se manifester mais j'ai foi en la compassion et la miséricorde de Dieu. La séparation m'attriste tellement que, pour tenir bon face à l'enfant, je décide de commencer une psychothérapie de soutien. Je m'entends encore répondre au psy qui évoque la fréquence et la durée de nos séances : « de toute manière, je suis pressée ! » Je ne sais d'où me vient cette hâte intérieure mais j'ai prononcé la phrase avec un aplomb qui n'appelle aucun commentaire. Après une douzaine de séances consacrées à analyser ma relation avec Antoine et à évoquer mes années d'enfance, je parle d'une crise récente de mon enfant qui prend un malin plaisir à me provoquer. En parlant de la petite flamme noire que j'ai vu briller dans ses yeux, je me revois soudain dans le parc du sanatorium, peu de temps avant ma sortie. Je viens de jouer un vilain tour à l'infirmière à la retraite chargée de me promener. Dans mes yeux, je le sais, dansait la même petite flamme noire, une flamme de jubilation. Et dans l'instant où je prononce le mot pour identifier le sentiment de l'enfant et le mien, je pense à la jubilation qui m'a envahie devant le spectacle des montagnes et du lac entrés en ondulation. Ainsi un même sentiment peut-il, selon les circonstances, prendre une couleur sombre ou lumineuse, résulter d'une souffrance donnée ou d'un bonheur reçu, appartenir au monde des ténèbres ou à celui de l'éther.

Je suis dans une tension extrême en quittant le praticien, je pleure de bonheur en louant Dieu. Je l'avais refoulée cette jubilation enfantine devant le paysage brusquement animé. Pourquoi ai-je oublié la joie qui m'avait transportée ? Et dans le même moment, je frissonne d'anxiété : comment se peut-il que les impulsions contraires qui cohabitent dans notre cœur, se matérialisent dans un sentiment identique ? Si un même sentiment peut appartenir au bien comme au mal, il faut impérativement choisir son camp. Je réalise que la frontière entre les deux mondes ne tient qu'à l'épaisseur d'un papier de cigarette. Tous, nous marchons sur le fil du rasoir. A chaque pas, il nous faut donc choisir entre la lumière ou les ténèbres. Cette soudaine découverte m'affole, je suis effrayée par tant de responsabilité. Ainsi à chaque instant, il nous revient de décider quelle orientation nous allons donner à nos actes. En montant dans la voiture, les larmes inondent mon visage ; à peine assise, je me sens aspirée plusieurs fois vers le haut. Dans ce débordement émotionnel, je me cramponne au volant, espérant arriver à bon port... Heureusement le trajet jusqu'à mon domicile n'est pas long.

L'inconscient s'ouvre

Nous sommes au mois d'août. Antoine m'annonce qu'il souhaite prendre l'enfant quelques jours dans son nouvel appartement pour lui présenter sa compagne. J'accepte cette proposition, qui pourtant me brise et consacre l'inéluctable. Je n'y trouve qu'un seul côté positif auquel me raccrocher : la solitude me permettra de faire le point et j'en ai le plus grand besoin. L'enfant s'en va et ce soir-là, je me retrouve seule dans la maison. Depuis sa naissance, nous n'avons pratiquement jamais été séparés. Harassée par les bouleversements psychiques que je viens de traverser, je réussis à m'endormir. A cinq heures du matin, une douleur me réveille en sursaut, elle me serre les tempes comme un étau. Des images défilent dans ma tête, auxquelles je ne puis échapper, ni par la pensée ni par la volonté. Je me crois en train de rêver mais non, ce n'est pas un véritable rêve puisque je me sens éveillée et que je reconnais furtivement mon lit. La vision normale est happée par une autre vision strictement intérieure. Devant mes yeux, se succèdent à une vitesse incroyable les événements de mon enfance, ou plutôt la chaîne d'interactions qui a décidé des plus ou moins bonnes relations entre mes parents et moi. Les saynètes s'enchaînent selon une mécanique précise : chaque événement déclenche une réaction qui détermine la scène suivante, et ainsi de suite. De ce film ahurissant, émerge une extraordinaire cohérence. Sous cette déferlante, je prie tous les cieux pour que le phénomène s'arrête tant ma tête menace d'éclater. Enfin lorsque les images s'estompent, épuisée, je me rendors pour une paire d'heures. Pendant deux matins encore, le défilement se poursuivra dès l'aube, jusqu'à ce que toute l'enfance soit revisitée et que la source des souvenirs soit tarie. De fait, le troisième matin, le phénomène dure moins longtemps.

A chaque petit-déjeuner, j'essaie de me remémorer les principales scènes et leur imbrication implacable. Je pense les transcrire mais c'est impossible. Tant d'images se sont succédées si rapidement que je ne peux en reconstituer le scénario complet. Ne reste que la trame générale, le fil rouge de la culpabilité dont je me suis chargée et dont on m'a lestée au fil de l'enfance. Demeure aussi la certitude, confirmée par la preuve de ce rêve éveillé, que tous les événements de notre vie s'imbriquent parfaitement les uns dans les autres. Il n'y a pas de hasard mais un engrenage d'interactions dont nous sommes trop souvent les malheureux et inconscients auteurs. Ce que les religions orientales appellent le dharma.

Ce troisième jour, dans la matinée, je n'y tiens plus, j'appelle le psy pour lui relater ce qui m'arrive. Sur le répondeur, je tente d'expliquer maladroitement le phénomène dont j'ai été l'objet. Lorsqu'il me rappelle, nous convenons de ne pas avancer le rendez-vous pris pour le début de la semaine suivante, dans quatre jours précisément. « Je pense que je tiendrai jusque-là », affirmé-je. En réalité, je n'en suis pas si sûre. Heureusement, le retour de l'enfant m'oblige à revenir des deux pieds dans la réalité.

Lorsque j'entre dans le bureau du praticien, une surprise m'attend : les rideaux sont tirés, la fenêtre grande ouverte. Le médecin m'accueille l'air détendu et nous nous asseyons, comme le feraient des amis. Je lui suis reconnaissante de ce signe auquel nous ne faisons cependant allusion ni l'un ni l'autre. Un sourire mutuel a suffi. Je relate en détail ce que je viens de vivre, comment j'ai vu se construire pas à pas la culpabilité qui m'habite ou plutôt qui m'habitait, car depuis ces trois jours je me sens incroyablement libérée, allégée de tout poids. J'éprouve la curieuse sensation que mon cerveau a été reprogrammé : je ne pense plus de la même manière. La charge émotionnelle attachée aux souvenirs refoulés s'est dissoute, évaporée, pour laisser place à de l'apaisement. Alors que j'exprime ce qui m'a façonnée jusqu'ici et ce que j'expérimente maintenant, le psy garde le silence et, contrairement aux rencontres précédentes, ne prend aucune note. Cette légèreté de sa part me contrarie. Voici que je dis le plus important de ma vie et aucune de mes paroles n'est consignée, elles s'envolent tout bonnement par la fenêtre, comme si c'était du vent. Je cache mon mécontentement grandissant et, à la fin de la séance, j'exprime le besoin de faire une pause dans cette thérapie de soutien. Il me semble pour l'instant avoir mis au jour suffisamment de pans de mon histoire.

En rejoignant la voiture, je laisse éclater ma colère : tout ce que l'on vit n'est donc que du vent, des paroles qui s'en vont ici ou là, soufflées par les brises du moment. Et brusquement, remonte une parole biblique : « *le vent souffle où il veut, mais tu ne sais pas d'où il vient et où il va* », le vent symbolisant l'Esprit. Une fois encore, les larmes brouillent ma vue et au volant, je me sens à nouveau aspirée vers le haut. Un pressentiment m'étreint, vite il faut vérifier ce qui m'a échappé. Arrivée à la maison, je cours jusqu'à mon agenda et l'ouvre fébrilement. Comment n'y ai-je pas pensé plus tôt ? Le défilement des images, le début de ma libération a commencé le 15 août, date de l'Assomption de Marie, Elle que j'ai vénérée comme enfant et qui m'exauce aujourd'hui, qui me tire de l'abîme en m'ouvrant les portes du ciel.

Le Verbe

L'après-midi même, je n'ai qu'une idée en tête : trouver ma vieille Bible, celle que m'a offerte la paroisse protestante lors de ma confirmation. Il y a plus de vingt ans que je ne l'ai pas tenue en main ! Dans une sorte d'exaltation, je commence à lire le Nouveau Testament. Les mots prennent subitement vie, ils dansent sur les pages, ces précieux émissaires de Parole, ces porteurs du Verbe même du Christ, que j'ai à cet instant le sentiment de comprendre en profondeur. Au fil de ma lecture, je saisis le sens caché des paraboles, celle du bon grain et de l'ivraie, qui s'est actualisée pour moi, celle de l'aveugle que Jésus guérit. Toutes me parlent au cœur. Dans l'épisode des disciples d'Emmaüs, je reconnais ce que je suis en train d'expérimenter : les Ecritures s'ouvrent, une sensation de chaleur intérieure me dilate le cœur, je chemine aux côtés des disciples, avec Jésus qui m'enseigne la façon de vivre des enfants de Dieu. Commence ainsi une nouvelle tranche de ma vie qui s'inscrit sous le signe de la Parole divine. De cette rencontre avec Jésus et les Evangiles découlera ma conversion au catholicisme, deux ans plus tard, et une pratique désormais assidue. La vie spirituelle que symbolise le Christ est née en moi. Pour croître, ce nouvel enfant demande des soins – l'eucharistie, la prière, les lectures, les retraites – et une fidélité semblable à celle d'une mère. Toutes les statues de la Vierge à l'enfant nous le rappellent : la chair a été fécondée par l'Esprit pour donner naissance au Fils divin. De même, notre chair est visitée par l'Esprit pour faire croître notre âme, notre propre enfant spirituel intérieur. Si Marie a mis au monde et élevé le Fils de Dieu, nous avons pareillement à nourrir notre âme afin qu'elle s'élève peu à peu pour s'unir au divin.

Comme cela se reproduira au cours de ma vie, j'apprendrai plus tard au détour d'une lecture, le nom du phénomène que j'ai vécu : le défilement des mémoires, qui peut se déclencher à l'approche de la mort, ou à la suite d'un événement douloureux ouvrant une brèche dans l'inconscient. L'expérimentation intérieure de la frontière si ténue entre le bien et le mal est reconnue, quant à elle, comme un déclencheur de vie spirituelle.

Bien que nous soyons encore au début du chemin sur lequel je me suis engagée, l'évocation de ces premiers élans spirituels appelle maintenant un échange avec Michel. Les *Regards croisés* qui vont suivre enrichissent et colorent le sens de nos expériences personnelles, qui s'inscrivent toutes deux dans le mouvement d'individuation si bien exploré par Jung, et que l'Eglise catholique appelle pour sa part la divinisation de l'homme.

Je ne sais où nos échanges nous conduiront. Ce que je connais déjà, c'est le plaisir éprouvé en découvrant les premiers moments d'éveil spirituel de Dominique. J'en connaissais bien quelques uns, échangés par bribes au travers de confidences partagées de préférence autour d'un repas. Il me manquait la vue d'ensemble et la cohérence de sa progression. En lisant son récit, j'ai l'impression de feuilleter un album de vieilles photos, où je vois cette enfant grandir et s'éveiller à la vie. Elle souffre parfois du comportement et des limites des adultes qui l'entourent, notamment dans sa famille. Le plus souvent sa joie est présente, voire son enthousiasme[2] qui indique que Dominique fut très tôt dans le souffle de Dieu. En relisant nos deux textes, je perçois bien la différence entre la vie intérieure d'un homme et celle d'une femme, qu'elle soit petite fille, adolescente ou adulte. Personnellement, je n'ai jamais ressenti la puissance émotionnelle et sensitive évoquée par Dominique. Les mots qu'elle utilise vont bien au-delà de mes propres perceptions qui transitent souvent par le mental : une immense et glorieuse vibration cosmique, jubilation, exaltation, sens ultime des paraboles, compassion et miséricorde de Dieu, une chaleur qui me dilate le cœur,...

Nos premières années sont déterminantes pour orienter et nourrir notre recherche du divin. Chez de nombreux enfants, l'imaginaire reflète les manques de leurs vies concrètes. Nos premiers élans spirituels reposent souvent sur un besoin de compensation psychologique. Dominique goûte très tôt « les aiguilles douces qui lui chatouillent la joue » et la prévenance « du ciel qui lui envoie des clins d'œil d'encouragement », projetant ainsi la faiblesse affective de sa vie familiale. De mon côté, je m'imagine acteur dans un western filmé dans mon coin de campagne et j'attends beaucoup de l'école et de mes lectures

[2] Etymologiquement, être dans le souffle de Dieu, du grec *theos*, dieu, et de *enthous*, inspiré par les dieux.

pour compenser ma solitude et le peu de stimulation intellectuelle de la vie à la ferme. La foi de Dominique, née bien avant la mienne, la conduit à vivre une première expérience mystique lui confirmant la Présence de Dieu : « Je suis envahie d'une reconnaissance infinie pour Dieu ». Aujourd'hui, Dominique a naturellement une relation personnelle, intime, voire charnelle avec la dimension divine et ses manifestations concrètes. Quand je la vois s'agenouiller à l'église ou dans une chapelle rencontrée au détour d'un chemin, elle se donne entièrement dans la prière, corps, cœur et esprit ne faisant plus qu'un. Sa sincérité entière m'impressionne et me montre clairement la différence de nos engagements.

Pour moi, Dieu n'était qu'un archétype, une figure symbolique de mon inconscient familial, avec le Christ et Marie. Ce Dieu faisait partie de ma famille. Ma grand-mère maternelle s'appelait Marie et me nommait le petit Jésus, jusqu'à mon adolescence. Bien que dangereux pour mon orgueil naturel, cet environnement m'a ainsi rendu le concept de Dieu sympathique et accessible. Comme nous le verrons, je n'ai pas de « problème » avec Dieu. Il Est. Je crois naturellement à son existence, comme l'air que je respire ou le soleil qui m'éclaire et me réchauffe. Et je trouve dommage que certains ne croient pas en Dieu, se privant ainsi d'une dimension essentielle dans leur vie. Croire ou ne pas croire n'est pas pour moi différenciant. Ce qui me gène, c'est l'exclusion, le sectarisme et l'intégrisme, mon enfance m'ayant plutôt appris l'acceptation des différences et la pratique de l'œcuménisme.

L'anecdote du psy qui ne note pas les mots importants prononcés par Dominique, déclenchant sa forte colère, me fait mieux comprendre la relation esprit – matière. Quand Dominique entre dans le cabinet de consultation tout est en fait déjà résolu, l'information utile est déjà passée de l'inconscient au conscient pendant les trois nuits de défilement des mémoires. Dominique le constate elle-même : « Mon cerveau est reprogrammé ». La matrice d'accouchement n'est plus nécessaire, les rideaux et la fenêtre peuvent s'ouvrir. Pourquoi noter ce qui fait désormais partie de l'air, du subtil, de l'Esprit ?

Il ne s'agit pas d'un manque d'intérêt du psy mais bien de la conscience qu'une initiation vient de se produire. Comme l'écrit si bien Annick de Souzenelle[3], il y a d'une part « l'accompli », ce qui est déjà intégré et ne mérite plus qu'on s'y attarde, et d'autre part le « non encore accompli », notre travail spirituel qui reste à faire et qui seul doit mobiliser notre énergie.

Prendre conscience que nos corps sont mortels, suite à un accident de cheval ou à une hépatite, nous amène à nous préoccuper davantage de notre vie intérieure, de la vie de l'Esprit, plus permanente que celle du corps. « Je ressors de l'accident boiteuse mais illuminée de l'intérieur » constate Dominique, rendant possible plus tard le défilement des mémoires et la sensation « d'être aspirée vers le haut ». La foi de Dominique et son engagement spirituel m'apparaissent sans équivoque. Me concernant, la prise de conscience est plus lente et s'applique davantage à l'évolution de mon système de croyance sur le champ des possibles qu'à la révélation d'une foi. L'hépatite m'a laissé sans force physique et dépendant des autres, m'ouvrant pour la première fois l'accès à d'autres niveaux de conscience. Je constate que le monde professionnel ne s'est pas écroulé pendant mes trois mois d'arrêt maladie et que je peux passer facilement d'une hyperactivité à la seule résolution partielle de mes grilles de mots croisés, occupant mes journées de convalescent. Le passage d'un état à un autre se fait dans l'instant, sans souffrance : de la santé à la maladie, de la croyance que tout est connaissable et rationnel à celle où règnent l'incertain et l'indicible, de l'ignorance de ce qu'est la maçonnerie à la nécessité évidente de la rejoindre.

---

3 Annick de Souzenelle est une traductrice des textes sacrés qui s'inspire beaucoup de la Kabbale, notamment dans l'un de ses premiers livres, *« La symbolique du corps humain »*. Sa lecture pertinente et profonde éclaire les symboles chrétiens, en revisitant la tradition hébraïque de la Bible par une lecture originale et vivante. Psychothérapeute, elle partage ses convictions par des conférences et de nombreux livres : *Nous sommes coupés en deux, Le féminin de l'Etre, …*

DOMINIQUE ***Regard croisé***

Lorsque Michel parle d'une carence affective qui serait le support de ma foi, je ne saurais le contredire, j'en ai eu la sensation en écrivant le chapitre. Je veux bien croire que mon hypersensibilité d'enfant insécurisée ait constitué un terreau favorable à l'éclosion de certaines expériences. Mais si les joies spirituelles éprouvées par la petite fille contrebalançaient certainement ses chagrins affectifs, elles n'en résultaient pas. L'histoire spirituelle ne se réduit pas à l'histoire psychologique, bien que ces deux dimensions se nourrissent l'une de l'autre.

On utilise volontiers aujourd'hui le terme de religions du Père pour désigner les cultes monothéistes. Je me souviens d'une réflexion à brûle-pourpoint de l'Abbé C. « Tu as de la chance d'avoir eu une bonne relation avec ton papa, car certaines femmes n'arrivent même pas à prononcer le *Notre Père*, tant elles ont de problèmes avec leur géniteur. » J'avais acquiescé, un peu interloquée par cette explication à laquelle je n'avais encore jamais songé.

La complicité et les excellents moments passés avec mon père, lorsque nous étions seuls, m'ont sans doute permis de faire facilement confiance à mon Père céleste. J'ai rencontré par contre de vraies difficultés avec le Fils, sans doute à cause de mon frère qui monopolisait l'attention maternelle. Pendant ma période de latence religieuse, j'en étais même arrivée à oublier dans le *Je vous salue Marie*, la phrase « *Le fils de vos entrailles est béni* ». Il m'a fallu la réapprivoiser plus tard, ce qui fut facile une fois devenue mère.

Ce qui me surprend à la lecture de la jeunesse de Michel est l'apparence lisse et heureuse qu'il donne à son récit. Tout le contraire du mien en quelque sorte ! Et pourtant, il a choisi de suivre une psychanalyse pour faire remonter les blessures reçues. Ceci fait partie de son jardin secret, et c'est bien ainsi.

Pourquoi n'ai-je évoqué que les bonheurs célestes ? Probablement parce que les autres allaient de soi. J'ai bien sûr connu des moments heureux dans ma jeunesse, mais jusqu'à ma majorité, avouons-le, ils ne furent pas légion. Et plus je prends de l'âge, moins je m'en souviens. « *Il faut beaucoup de temps pour admettre que l'on a été ni désiré, ni aimé.* » L'auteur de cette maxime me pardonnera de ne pas avoir retenu son nom. Si j'ai relaté davantage les épreuves traversées, c'est parce qu'elles sont le lieu de la construction de soi. Le bonheur incite à l'immobilisme, à une jouissance un brin paresseuse que la vie, par ailleurs, vient vite secouer. L'adversité oblige à faire face, à puiser en soi ou dans le monde spirituel – mais est-ce différent ? – des forces inconnues jusque-là.

2

Initiation, mort à soi-même et renaissance

Connais-toi toi-même et tu connaîtras l'Univers et les dieux.
Inscription figurant sur le temple de Delphes, reprise par Socrate

MICHEL

Mon initiation maçonnique commence tranquillement par une rencontre avec quelques frères désignés pour m'enquêter. Rien à voir avec la police ou l'inquisition. Il s'agit de faire mutuellement connaissance, notamment de partager nos valeurs, de vérifier notre envie réciproque de cheminer ensemble et d'évaluer ma capacité à m'intégrer dans leur loge. Très impressionné par la maturité et la bienveillance de ces adultes de plus de cinquante ans, je me sens pourtant à l'aise dès ce premier contact, conscient de ma chance de rejoindre une confrérie qui va me permettre de répondre à mes questions existentielles. Les frères de la loge ayant accepté de me recevoir sous le bandeau[4], je me présente un jeudi soir devant un porche d'une petite rue de Saint-Germain-en-Laye. Comme indiqué dans ma convocation, je sonne et j'attends. Pour gérer mon stress, la veille j'ai repéré le parcours. Je suis dans le même état que pour l'oral d'HEC : maux de ventre, angoisse devant cette

---

4 Entre les trois enquêtes et l'initiation, le profane est interrogé par les frères de la loge qui désirent se faire une opinion personnelle sur sa valeur et sa sincérité. Un bandeau recouvre les yeux du profane afin d'assurer la discrétion de cette rencontre, celui-ci pouvant être refusé (blackboulé).

épreuve, conscience de l'enjeu si je suis blackboulé, à la fois pour mon ego et pour la suite de ma vie qui sera très différente.

Alors, je me suis préparé en anticipant les questions, grâce à quelques frères rencontrés entre temps et compatissant à mon inquiétude. Un homme en tenue sombre me fait entrer. J'attends de longs moments dans le hall. Le même vient enfin me chercher et me pose un bandeau sur les yeux. Il frappe à une porte et me fait entrer en courbant l'échine, cette porte étant sans doute à deux demi battants, comme celle d'une ancienne écurie. Excellente pour l'humilité, cette entrée décuple mon émotion qui me paralyse. Des voix graves m'interrogent. Elles semblent venir du fond de mon inconscient et résonnent comme dans une caverne immense. Mes réponses surviennent sans contrôle, le temps s'étire et, enfin, j'ai l'autorisation de sortir par le même chemin, chemise et costume trempés. Le lendemain, j'apprends au téléphone que j'ai été accepté. Soulagement, joie, ivresse, orgueil, plaisir, peur devant cet engagement dont j'ignore beaucoup de choses, car sur les conseils judicieux de mon présentateur, j'ai choisi de ne pas lire de livres sur la franc-maçonnerie.

La cérémonie d'initiation

Il y a un avant et un après le jeudi 5 février 1976, date de mon initiation. Fatigué par une journée de travail difficile, j'ai sonné ce soir-là comme quelques mois plus tôt. Je ne connais pas l'objet de ma convocation. Le même frère m'accueille, cette fois avec un grand sourire et une accolade chaleureuse. Mais très vite, il m'installe dans une pièce minuscule, me prend ma montre, mon portefeuille et mon chéquier. Un imprimé est posé devant moi : je dois écrire mon testament philosophique[5]. Une simple bougie éclaire la pièce. Mes yeux s'habituant à l'obscurité, je découvre un crâne et des inscriptions sibyllines sur le mur. Il me faut une bonne dose de confiance pour vaincre mon inquiétude. Quoique statique et silencieuse, la force de la mise en scène commence à agir sur mon psychisme. De

[5] Cette épreuve souligne l'importance du thème « mort et renaissance » et invite à considérer avec humilité les vraies valeurs de la vie.

spectateur je deviens progressivement acteur. Ce lieu – que nous appelons cabinet de réflexion – a joué le rôle efficace d'un sas, facilitant le passage d'un milieu à un autre. L'effort de rédaction de mon testament termine de me donner la concentration nécessaire. Le temps disparaît. Je sors du cabinet de réflexion et découvre deux autres personnes avec qui je vais partager la suite de la soirée. Je tombe rapidement dans un état second, il fait froid, nos yeux sont recouverts par un bandeau, nous n'avons plus ni chaussures, ni repères. Ce n'est que le lendemain que j'ai pu rassembler mes émotions et mes sensations, très proches de celles vécues six mois plus tôt lors de la naissance de mon fils Romain, à laquelle j'avais participé activement, comme les cliniques commençaient à le proposer.

Rationnellement, la naissance d'un enfant qui respire pour la première fois et l'initiation d'un adulte vivant une séquence théâtrale n'ont rien à voir. Cette ressemblance métaphorique est pourtant bien ancrée et m'accompagne encore aujourd'hui. Privé de la vue, donc aveugle et ignorant, les autres sens exacerbés me donnent accès à des dimensions nouvelles : le toucher fraternel et sécurisant des frères qui accompagne la rencontre avec l'air, l'eau et le feu ; l'écoute de mots et de sons parlant directement à l'âme ; le goût de l'eau dont l'amertume est promise en cas de trahison. Je ressens encore la pointe de l'épée pointée sur ma poitrine, le regard doux et perçant des frères la première fois où mon bandeau est enlevé, la surprise quand je découvre mon principal ennemi dans un miroir reflétant mon visage. Bien qu'entraîné par le rythme soutenu de la cérémonie, cette image percutante me laisse pantois. Moi qui considérais que les autres et ma relation avec eux étaient mes difficultés majeures, j'entrevois brusquement que mon principal travail va concerner ma vie intérieure.

Je reçois ensuite les mots rituels et les attouchements maçonniques[6], un tablier et des gants blancs. Je réalise mon premier travail d'apprenti : commencer à tailler ma pierre brute, début d'exploration symbolique de mon temple intérieur. La

---

[6] Geste discret de reconnaissance mutuelle, variant selon les rites et les degrés.

chaîne d'union clôt cette cérémonie, concrétisant bien la fraternité qui relie les frères entre eux. Chaque frère – chaque pierre – a bien besoin des autres pour construire son temple intérieur et son œuvre extérieure. L'initiation est une pièce de théâtre complète et rigoureuse, un psychodrame où chacun joue un rôle qu'il découvre au fur et à mesure et sur lequel il a peu de marge d'improvisation. L'issue de la cérémonie est la découverte de la lumière et de la chaleur de la loge, personnifiée par la bienveillance et la fraternité des frères qui accueillent le profane devenu ainsi un des leurs. Le travail de l'initié se fait à plusieurs niveaux : physique (les sens, la conscience de son corps, l'action), psychique (l'émotionnel, la relation, le lâcher prise) et spirituel (le sens, l'information, le non manifesté). L'initié se libère de lui-même, il ne peut plus faire semblant d'être ce qu'il est, ni être autre chose que ce qu'il est. Il s'agit moins de changer que de devenir soi-même.

L'initiation est bien inscrite dans le cœur de l'homme – qui ne se nourrit pas seulement d'eau, de glucose et d'air – mais qui répond à un appel, que celui-ci soit immanent[7] ou transcendant[8], qu'il vienne du dedans ou du dehors. L'initiation donne accès à la spiritualité, au monde de l'esprit, un monde où la matière est remise à sa juste place. L'initiation catholique concerne la compréhension de la Parole divine en réponse à l'appel de Dieu. L'initiation maçonnique fait référence au Grand Architecte de l'Univers (GADLU) comme principe créateur, idéal garant d'une perfection supérieure à l'Homme. Elle présuppose également la capacité de l'homme à se perfectionner et concilie donc l'existence d'un Principe créateur et le respect de la liberté de conscience. En rejetant toute formulation dogmatique de la vérité, l'initiation maçonnique conduit chacun, selon sa sensibilité, à la découverte de sa

[7] Immanence : du latin *immansio*, ce qui reste dedans, ce qui est interne à un processus. Présence en l'homme de sa finalité. Dieu est présent en Nous. Est immanent ce qui est contenu dans un être et qui résulte de la nature même de cet être.

[8] Transcendance : du latin *trans scando,* monter au-delà, tomber plus loin. Dieu est au-dessus de Nous. Caractère de ce qui se situe hors de l'expérience et de la pensée de l'homme.

propre vérité. Elle s'adresse à des adultes conscients et responsables, choisissant volontairement de vivre une expérience humaine qui les transforme, à partir d'une méthode issue de la tradition.

La Parole perdue

Dans une démarche intérieure volontaire qui conduit le profane à frapper à la porte du temple, l'initiation maçonnique nous aide à rechercher la vérité et la Parole perdue[9], cette connaissance universelle nous permettant d'accéder progressivement à un niveau de conscience supérieur. Elle vise à déconnecter notre mental et fait appel à nos sensations en nous confrontant aux quatre éléments : air, terre, eau et feu. Elle crée une certaine insécurité fondée sur le mystère et la surprise, en polarité avec l'accueil et la solidarité des frères qui interviennent à bon escient pour accompagner le profane. L'initiation est un pardon – un don gratuit, sans réciprocité – que je m'accorde à moi-même pour renforcer ma lucidité et prendre en charge les conséquences de mes actes. Le pardon n'élimine pas la réparation car ma responsabilité augmente en fonction de ma connaissance.

L'intensité de l'initiation m'a valu quelques déconvenues lors des premières tenues – nom donné à nos réunions –, moins denses et fraternelles. J'ai compris très vite que toutes les informations étaient présentes lors de la cérémonie d'initiation et que l'essentiel de mon travail de maçon allait consister à expliciter et à m'approprier ce qui m'a été transmis ce soir là. Confronté à ma propre mort symbolique dans le cabinet de réflexion et laissé seul un long moment, mon angoisse était intense. Pourtant, dans la nature la mort n'existe pas. Le grain meurt pour que l'épi naisse. Ce que la chenille appelle la mort, le maître l'appelle papillon. La mort n'est que la modification

---

[9] La Parole Perdue est une métaphore pour désigner le comportement de l'homme libre, c'est-à-dire capable d'engendrer sa vie et celle de sa descendance. Retrouver la Parole Perdue signifierait ainsi retrouver le principe de vie et la communication entre l'homme et le divin.

d'un état de conscience, le passage d'un plan à un autre. A chaque fois que je meure à un sentiment inférieur, à la dualité, je permets ainsi la naissance d'un sentiment ou d'un niveau de conscience supérieur. Cette première épreuve indique clairement qu'il n'est plus temps de se divertir, au sens pascalien, et que notre passage à l'Orient éternel se profile à son rythme. C'est le premier contact avec la mort du vieil homme, le vieil Adam, ce travail intérieur de mort à soi-même, à ses croyances et ses certitudes, afin de se régénérer, d'accéder à d'autres modes de pensée, de s'ouvrir à la vie, notamment celle de l'esprit, dans la profondeur de l'instant, l'ici et maintenant.

L'initiation n'est pas un but, c'est une épreuve. Toute initiation n'est qu'un point de départ du processus initiatique qui se poursuit toute la vie, première manifestation d'une façon d'être au monde donnant accès aux dimensions symbolique et spirituelle de la vie, au-delà des apparences et du mental. Le seul pouvoir qui résiste au temps est celui que l'on exerce sur soi, avec constance et fermeté, en passant de l'arrogance à l'humilité, de la vengeance à la miséricorde, du talion au pardon, de la chute à l'élévation, de la déportation à l'élévation. Je suis poussière et retournerai poussière, mais poussière d'Etoile. Il est clair que l'humanité ne changera que si je commence à changer moi-même. Apprenti, compagnon puis maître maçon, l'initiation se continue en loge par l'élévation à d'autres degrés. L'initiation est une mort symbolique – la mort physique étant l'ultime initiation – qui fait passer le franc-maçon d'un état de conscience à un autre : mourir à la peur pour vivre dans l'amour, mourir au doute pour s'épanouir dans la foi maçonnique.

Alexandro Jodorowsky

L'initiation donne aussi une couleur particulière à la vie profane, et notamment au travail thérapeutique de connaissance de soi. En 1982, pour traiter mon mal de vivre et mes insatisfactions, je décide de commencer une psychanalyse avec un psychothérapeute jungien et de l'approfondir par un stage de psychogénéalogie. Les répétitions psychologiques à l'œuvre dans ma famille étant assez pesantes et limitantes, mon psy m'a convaincu de les traiter de façon spécifique afin de m'en libérer plus rapidement. Je rencontre ainsi Alexandro Jodorowsky[10]. Quel choc ! Jodo – c'est ainsi que ses « disciples » l'appellent avec admiration et respect – est une sorte de poète à l'accent sud-américain très prononcé, m'obligeant à l'écouter très attentivement pour comprendre ses mots et surtout leur signification. Il me fait penser immédiatement au Christ, par son apparence physique, sa voix chaude et ses yeux emplis de bienveillance, et à Salvador Dali, par ses émergences fulgurantes donnant accès au merveilleux de l'invisible artistique. Pendant ces trois jours de stage de psychogénéalogie, quatre clients aux histoires analogues sont réunis par synchronicité[11], chacun éclairant les autres, guidé par Jodo assisté de Chantal Rialland, psychanalyste compétente et attentive. J'en sors à la fois lessivé – au sens propre de celui qui sort d'une lessiveuse –, heureux et éclairé. C'est comme si un chaman m'avait donné accès aux clés de ma vie passée, reliant les événements et les personnages de ma biographie dans une fresque cohérente.

Lors des quelques années suivantes, je suis devenu un adepte assidu de Jodo, car son approche complète le travail maçonnique, parfois trop intellectuel. Dans un désordre apparent et plus ou moins intensément, j'ai ainsi pratiqué avec lui différentes techniques de communication avec l'inconscient, par l'ouverture des sens : méditation zazen, psychomagie, massages californiens, marche sur le feu, chamanisme, prière symbolique, mudras, radiesthésie, magnétisme, Qi gong, Yi Jing, voyance... et tarot de Marseille. Jodo utilise ce langage symbolique, ce formidable outil à penser et à développer

---

[10] Artiste inspiré, metteur en scène de longs métrages spiritualistes *(La Montagne sacrée, Tusk, El Topo)*, auteur de bandes dessinées avec Moebius *(L'Incal)*, écrivain *(La danse de la réalité, Le Théâtre de la guérison)*, thérapeute en métagénéalogie, créateur du mouvement Panique, ayant réhabilité le tarot de Marseille en France dans les années 1970.

[11] Coïncidence dans le temps de deux ou plusieurs événements sans relation causale, porteuse de sens et d'un message par lequel notre inconscient nous convie à un rendez-vous. Rencontre entre un désir profond et un événement extérieur.

l'intuition, comme un moyen d'intégration de la connaissance issue de lectures ou de l'expérience vécue pendant ses stages de développement personnel. Le tarot m'est alors étranger, je dois me faire expliquer la signification des symboles par les autres stagiaires. Le bâton, la coupe, l'épée et le denier ne me parlent pas. Pour rencontrer mes nouveaux amis, je participe quand même à des ateliers de lecture du tarot. Je trouve que chacun témoigne de beaucoup d'imagination en lisant ses cartes. Pour ma part, je reste muet ou je balbutie quelques généralités. Puis, neuf mois plus tard, lors d'une de nos soirées du vendredi, je comprends enfin ce que les autres disent en lisant leur carte et je suis intarissable quand arrive mon tour. D'un seul coup, j'ai accès à ce langage symbolique dont la beauté et la puissance m'apparaissent. C'est comme si j'étais passé de l'autre côté du miroir. Dans la foulée, je m'inscris aux stages de formation au tarot de Marseille, puis je participe à plusieurs salons de voyance pour approfondir la technique.

Je réalise que j'ai eu la chance de vivre une initiation à « double détente » : la cérémonie maçonnique complétée par les tenues en loge, puis la rencontre avec Jodorowsky suivie de nombreux séminaires de développement personnel. Mon initiation maçonnique et celle par les tarots sont à la fois différentes et complémentaires. Les deux portent sur les symboles, sont cohérentes et représentent des univers complets, véritables colonnes vertébrales de ma recherche spirituelle. De nombreux chercheurs les relient, dont Oswald Wirth qui a créé son propre tarot maçonnique. J'ai été mis en contact avec les symboles du tarot, par capillarité ou imprégnation progressive, un changement d'état s'opérant à un moment donné quand la masse critique d'informations est devenue suffisante. De son côté, la cérémonie d'initiation maçonnique m'a proposé une mise en scène vécue sans préparation particulière qui a généré des émotions fortes. En tant que nouvel initié, je vais consacrer mes années suivantes, voire ma vie entière, à intégrer et à mettre en œuvre les informations ainsi reçues.

Initiation, mort à soi-même et renaissance

DOMINIQUE

Je retiens la belle définition que donne le Petit Robert de l'initiation : admission aux mystères. L'initiation est aussi un passage, une introduction à la connaissance de choses secrètes, cachées, difficiles. Aujourd'hui, en dehors des bizutages qui n'ont guère la cote, les rites initiatiques ne font plus partie de nos habitudes sociales. Il faut aller les chercher dans les sociétés secrètes ou les tribus primitives où ils conservent encore tout leur sens, en particulier ceux qui font passer le jeune adolescent au stade adulte. L'épreuve que le garçon doit traverser est toujours précédée d'un temps privilégié, qui sert de transition, de prise de conscience de l'état présent. Plusieurs nuits passées seul, à l'écart de la communauté, ou un jeûne de quelques jours amèneront l'adolescent à regarder et à affronter ses peurs avant le rite de mutation.

Si l'épisode du défilement des mémoires s'apparente pour moi à un processus de réinitialisation intérieure, mon initiation tient toute entière dans cette révélation si incroyablement vivante et personnelle des Evangiles, à travers la personne de Jésus. Elle s'inscrit dans une période de deuil, de mort intérieure. Quittée par mon mari pour une autre, je n'éprouve plus aucun désir d'aucune sorte. Par amour et par respect pour mon enfant, j'assure au quotidien un semblant de vie familiale. Concentrée sur les tâches indispensables à accomplir, il me semble ne plus avoir d'ego, perte paradoxalement recherchée dans le Zen !

L'initiation n'est jamais livresque, c'est une expérimentation individuelle qui aboutit à une nouvelle connaissance, en l'occurrence la proximité réelle du Christ et la certitude que la Parole de Dieu s'actualise pour chacun de nous. La certitude aussi que les deux Testaments, dans toute leur richesse et leur étendue, éclairent parfaitement la totalité du champ expérientiel de la vie. L'expression *Parole éternelle*, veut dire que cette Parole échappe au temps, qu'elle est de tout temps, présente dans chaque parcelle de temps. A chaque minute, elle s'incarne pour nous. Et lorsque nous expérimentons ce télescopage entre la Parole contenue dans la Bible et notre vie, nous éprouvons au cœur un bonheur indicible : la vie prend pleinement sens. Ce brusque accès au monde éternel, à l'univers invisible, contient en lui-même notre félicité. Oui, Dieu se manifeste dans notre quotidien, le Christ est indéniablement ressuscité, il est présent maintenant, à nos côtés, pour autant que nous nous tournions vers Lui.

Le passage qu'ouvre l'initiation débouche sur une transformation psychique. Plus rien n'est comme avant ; tout paraît plus profond, dévoile un sens, une cohérence, une coloration jusque-là cachés. « *Dieu s'est penché sur son humble servante* » *(Magnificat)*, il nous donne accès à sa Présence dans un enseignement de cœur à cœur.

Deux passages des Evangiles me parlent alors particulièrement. Le premier, que j'ai déjà évoqué, relate la rencontre des deux disciples d'Emmaüs avec Jésus ressuscité. « *Leurs yeux s'ouvrirent et ils le reconnurent... mais il avait disparu de devant eux. Et ils se dirent l'un à l'autre : « Notre cœur n'était-il pas tout brûlant au-dedans de nous, quand il nous parlait en chemin, quand il nous expliquait les Ecritures ?* », Luc 24, 31-32.

Le second est l'entretien de Jésus avec Nicodème dans Jean 3, 3-8 : *Jésus lui répondit : « En vérité, en vérité, je te le dis, à moins de naître d'eau et d'Esprit, nul ne peut voir le Royaume de Dieu. » Nicodème lui dit : « Comment un homme peut-il naître, étant vieux ? Peut-il une seconde fois entrer dans le sein de sa mère et naître ? »*
Jésus répondit : « En vérité, en vérité, je te le dis, à moins de naître d'eau et d'Esprit, nul ne peut entrer dans le Royaume de Dieu. Ce qui est né de la chair est chair, ce qui est né de l'Esprit est esprit. Ne t'étonne pas si je t'ai dit : il vous faut naître d'en haut. Le vent souffle où il veut et tu entends sa voix, mais tu ne sais pas d'où il vient ni où il va. Ainsi en est-il de quiconque est né de l'Esprit. »

En faisant appel à la Trinité et au symbole de l'eau, le baptême traditionnel opère une naissance spirituelle qui fait entrer le baptisé dans la communauté des croyants, au titre d'enfant de Dieu. Mais il y a un baptême intérieur, une initiation totalement inattendue que l'on peut ressentir au plus profond de soi, faite de paroles exprimées avec de la salive – l'eau – sous l'inspiration de l'Esprit saint. Pour moi, l'eau de ce baptême était sans conteste le mot *jubilation*, prononcé dans la période de grâce qui m'était accordée en pleine épreuve.

La vraie Vie

Le débat perpétuel tourne autour de la question : est-ce Dieu qui descend vers l'homme ou l'homme qui s'élève vers Dieu ? La réponse réside probablement dans la Parole : « *Demandez et l'on vous donnera ; cherchez et vous trouverez ; frappez et l'on vous ouvrira* », Luc 11,9. Il y a un mouvement, une recherche, voire un cri de l'homme qui déclenche la réponse de Dieu ou de la Transcendance, si le premier terme gêne certains.

Pour trouver un enseignement, il faut venir le chercher, toutes les traditions s'accordent sur ce point ainsi que sur celui de la primauté de Dieu qui décide d'accorder sa grâce. Dans les Evangiles, on retrouve ce double mouvement : les compagnons de Jésus font souvent le premier pas, ils viennent pour le voir, ils s'approchent... A partir de là, le maître choisit et enseigne ses disciples.

Je pourrais résumer cette initiation par l'impression d'être entrée dans la vraie Vie, celle qui fait sens, celle où l'on vit pleinement corps et esprit, où l'on peut inlassablement progresser, parce que soutenu et guidé par la grâce de Dieu, par l'Esprit saint. Il y a la très belle prière de David, qui me faisait alors pleurer chaque fois que je l'entendais ou la lisais et qui résonne aujourd'hui toujours autant en moi : « *Ta bonté pour moi est immense : tu m'as arraché au gouffre de la mort* », Psaume 86(85).

L'essentiel de l'initiation réside dans cette renaissance : on meurt au passé ou au malheur, et on renaît, on ressuscite dans la vie dans un état différent. J'avais déjà vécu une première épreuve initiatique avec mon accident de cheval où ayant cru être morte, je m'étais réveillée avec un amour infini pour la vie, avec la certitude inébranlable que rien n'est plus beau que l'existence. C'était une initiation impliquant le plan physique ; la suivante s'applique davantage au psychisme, au plan spirituel.

Mais reprenons ici le cours des événements. Le défilement des mémoires a lieu à la mi-août. La perspective de me retrouver seule au prochain Noël, l'enfant partant chez son père, me fait poser un premier acte positif : je décide d'accomplir le voyage de mes rêves, un circuit d'une dizaine de jours en Egypte. Et c'est dans une sorte d'exaltation exacerbée que je vis cet extraordinaire retour aux sources du sentiment religieux de l'humanité. Dans le temple de Karnak, j'abandonne rapidement le groupe pour aller pleurer à mon aise dans la salle des colonnes, habitée par la déraisonnable sensation d'être chez mon père, dans sa véritable maison. J'envie les Egyptiens d'avoir eu cette foi colossale qui aboutit à ce prodige architectural, dont la beauté fait vibrer l'âme du visiteur le plus endurci. Chaque monument est une prière vivante que les Egyptiens nous lèguent au-delà des siècles. Là aussi, j'éprouve ce télescopage entre le passé et le présent : nous sommes dans un éternel présent, dans une éternelle louange à la Transcendance.

Au retour du voyage, le besoin de prier, de m'insérer dans une communauté religieuse, se fait impérieux. Ce dimanche de janvier, j'assiste au culte protestant dans l'église de mon quartier. Dans des dégradés de gris, une grande fresque du Christ entouré de quelques moutons surplombe tristement les fidèles. Je pense communier mais j'apprends, en interrogeant ma voisine, que la communion est réservée à certaines célébrations, ce que j'avais totalement oublié. Ma déception est complète, rien dans ce culte ne me porte à la prière. Le soir même, je pousse la porte de la chapelle catholique. Le chœur est occupé par un Christ en croix de grandeur nature, sculpté de manière très réaliste dans un bois sombre. Rien ne vient ainsi s'interposer entre les fidèles et cette représentation saisissante de la souffrance de Jésus qui impose le silence. Malgré l'austérité du décor, je retrouve pendant la messe l'atmosphère à laquelle j'étais habituée au pensionnat. A la sortie, poussée par l'intuition qu'il s'agit de la personne que je cherche, je vais saluer le prêtre qui vient de célébrer. C'est lui qui me conseillera pendant les deux années qui précèderont ma profession de foi catholique dans la communauté de Saint-Etienne. En remontant à la maison, je me dis que tout coïncide, tout s'inscrit dans l'ordre du monde invisible. Je ne l'avais pas réalisé jusqu'ici, mais je viens de l'apprendre : nous sommes le dimanche de l'Epiphanie, la fête de l'Emmanuel parmi nous, des Rois mages et de tous ceux qui viennent adorer l'Enfant...

Conversion au catholicisme

Le sentiment d'être guidée m'accompagne pendant les six mois suivants. Il s'accentue encore pendant l'année préparatoire à mon entrée dans la communauté catholique. La décision de me convertir s'est en effet imposée d'elle-même : je ne me sens bien que dans l'Eglise catholique. Ma première demande concernant les modalités d'une conversion a été balayée par le curé d'un péremptoire « Aujourd'hui, plus personne ne se convertit ! » La seconde, qui atteste sans doute à ses yeux une motivation suffisante, m'ouvre les portes d'une formation que suivent dans la région une trentaine d'adultes ! Pendant cette année probatoire, je ne rencontre plus aucun obstacle et l'Abbé C., celui que j'ai salué le soir de l'Epiphanie, se révèle un excellent directeur de conscience. Toutefois, la sensation de mort intérieure perdure ; seuls m'intéressent vraiment mon enfant, le parcours que je suis en train de suivre et les trois messes hebdomadaires auxquelles j'assiste fidèlement.

Ma profession de foi se déroule dans la petite paroisse de Saint-Etienne. Avec une jeune étudiante qui demande le baptême, nous lisons devant l'assemblée le Credo du Concile de Nicée, qui est celui que je préfère puisqu'il fait référence au monde invisible. J'ai enfin le bonheur de voir ma famille assise parmi les fidèles. Mes parents protestants non pratiquants, masquent plus ou moins habilement leur incrédulité et ne s'attardent guère à la sortie. Peu m'importe puisque je suis entourée de ma nouvelle famille !

Deux versets sont venus s'ajouter à celui de ma confirmation protestante. Le premier « *Celui qui me suit, ne marche pas dans les ténèbres* » Jean 8,12 m'est donné par l'évêque. Le second, joliment calligraphié par des moniales sur un petit cierge, est le fruit de leur prière pour chaque futur converti. Il est tiré du Psaume 32, « *Je t'instruirai, je t'apprendrai la route à suivre, les yeux sur toi, je serai ton conseil.* » Je les garde tous deux dans mon cœur.

Entre cette célébration et ma confirmation prévue à la Pentecôte, je dispose d'une semaine de vacances que je décide de consacrer à un pèlerinage à Assise. Ce projet m'est venu subitement, sans autre raison que celle de remercier Dieu pour le chemin que je viens d'accomplir, et d'aller prier dans la ville de Saint François que j'ai toujours admiré.

Je pars pour quatre jours, ayant juste réservé une chambre chez les sœurs Clarisses. Sur place, je me laisse guider par mon intuition. Je vais assister à une première messe près du tombeau de Saint François, me confesse le lendemain dans la basilique et finis le séjour par une prière à la Portioncule, la minuscule église de Saint François enchâssée dans la Basilique de Latran. Un feuillet à la sortie me donne des informations sur les étapes recommandées aux pèlerins pour le pardon des péchés. A quelques heures de mon départ, j'ai terriblement peur de découvrir que je n'ai pas suivi le parcours recommandé. Mais à mon soulagement, c'est précisément celui que je viens d'accomplir, dans l'ordre conseillé.

Une fois encore, depuis l'initiation, j'ai la sensation de suivre un itinéraire préétabli, de m'être engagée sur un sentier dont je ne décide ni le tracé ni les haltes. Ce sentiment d'être guidée par la divine Providence m'est une source continue de gratitude.

L'âme palpite

Le retour en train m'oblige à passer la nuit dans une petite localité. Volontairement, je n'ai rien organisé, pensant avec une bonne dose d'orgueil, que le Ciel me guiderait. Dans le compartiment, j'engage la conversation avec ma voisine qui parle heureusement français. Elle m'indique un petit hôtel proche de la gare, où elle a déjà séjourné. En me dépêchant, je devrais trouver une chambre à mon arrivée, m'assure-t-elle. Rendue sur les lieux, j'obtiens l'une des deux dernières chambres disponibles et passe la soirée dans une félicité douce, remerciant la Providence de sa prévenance. Au réveil, j'ai la sensation toute nouvelle d'abriter près du cœur une boule chaude et palpitante, qui respire doucement dans ma poitrine, comme un petit oiseau qui m'habiterait. Je serai heureuse plus tard de trouver cette strophe dans le Psaume 131 :

Je tiens mon âme en paix et en silence
comme un petit enfant contre sa mère,
comme un petit enfant, telle est mon âme en moi.

Vient le temps de la confirmation que j'aborde avec une profonde sérénité. Bien qu'ayant déjà vécu cette cérémonie à l'issue de ma formation protestante, j'ai tenu à répéter cette étape selon le rite catholique, pour marquer mon engagement dans une vie chrétienne. Il ne s'agit plus de l'acquiescement de l'adolescente, à la fois formel et un peu contraint à l'issue de son éducation religieuse, mais d'un choix d'adulte, totalement réfléchi et consenti. En compagnie d'une quinzaine d'impétrants, dont la moitié d'adultes, je vis la cérémonie comme l'aboutissement ou plutôt le couronnement de mon parcours initiatique. En pleine cohérence avec l'enseignement de l'Eglise qui reconnaît trois étapes pour l'initiation des fidèles : le baptême, la première communion et la confirmation. Dans les premiers rangs, sont assises deux sœurs de la Présentation de Marie, qui furent mes professeurs et qui ont eu la permission de faire le déplacement. Nos yeux se croisent et rient de bonheur. Ainsi s'achève cette période initiatique : la boucle est provisoirement bouclée...

Je partage la définition de Dominique : « L'initiation est une expérimentation individuelle qui aboutit à une nouvelle connaissance ». La confirmation catholique vécue à l'âge adulte correspond bien à une initiation par des actions visibles et une expérimentation intérieure de rencontre avec l'Esprit saint, conduisant à « l'entrée dans la vraie vie ». L'être humain est ainsi reconnu comme sacré, par la reconnaissance d'une transcendance et l'appartenance à la communauté catholique. Je partage également « le sentiment d'être guidé par la divine Providence[12] » et la nécessité pour le futur initié « de faire le premier pas ».

Je suis baptisé, et bien que pratiquant peu, ces concepts catholiques me parlent et s'actualisent dans ma vie quotidienne. Par exemple, quelques années après mon initiation maçonnique, je rencontre des difficultés matérielles, professionnelles et conjugales – entraînées par mon retour à Paris après sept ans d'expatriation en Afrique noire – qui m'apparaissent insurmontables. Face à cette situation, je commence par rechercher l'écoute, la compréhension et l'amour de ma mère. Bien que trouvant auprès d'elle un réconfort sincère et non pollué par des accusations et des culpabilisations, fréquentes en d'autres occasions, je ressens cette impulsion irrésistible de communiquer directement avec le Seigneur, seul capable, en cet instant, de m'apporter l'Amour dont j'ai besoin pour continuer à vivre. M'en remettre à l'Amour et à l'Action de Dieu m'apparaît alors comme la seule solution réaliste. « Seigneur, aide-moi, je n'y arrive plus, je ne sais pas comment faire, je m'en remets à Toi, indique-moi la route » fut ma prière spontanée d'autant plus marquante pour moi que j'ouvrais mon

---

12 La représentation de la Divine Providence catholique et celle du Delta Lumineux maçonnique symbolisant le Grand Architecte de l'Univers, sont identiques.

cœur dans un geste d'abandon devant le constat de mon impuissance.

Nos deux récits m'évoquent la phrase célèbre : « Quand le disciple est prêt, le maître apparaît ». Il peut également s'agir d'un maître intérieur, comme le rappellent certains chamans pour aider leurs élèves à progresser sur la voie du « guerrier » : « Je suis libre quand je n'ai plus le choix ». Et à certains moments de notre histoire, Dominique et moi n'avions pas d'autre solution que d'exercer notre liberté. Indépendamment de ma volonté consciente, par un enchaînement de circonstances et de quelques rencontres ciblées, je suis devenu franc-maçon, puis – grâce à l'enseignement de Jodorowsky – spécialiste du tarot de Marseille et de l'intuition. Aurais-je pu vivre autre chose ? Rationnellement oui, mais ma voix intérieure me répond non. Et c'est bien ainsi.

Je me souviens de mes retours de stage de Jodorowsky le lundi matin, dans le cabinet conseil où j'intervenais. Je flottais dans mon corps, dans un état second. Mes collègues me trouvaient complètement allumé. Certains étaient curieux, voire intéressés, et me posaient des questions. Ma principale difficulté était de trouver un intérêt quelconque à mon travail qui me paraissait superficiel et à l'opposé de la « vraie vie ». D'ailleurs, certaines fois, je me suis mis en danger. Comme Dominique, j'ai pris conscience que si cette voie devait me nuire professionnellement, la façon dont je la vivais manquait de justesse. J'ai ainsi appris à mieux identifier les moments privés et à contrôler le niveau d'intimité des échanges avec mes collègues. Jusqu'au jour où j'ai laissé publier mon premier livre au titre sulfureux : « Le tarot, outil de management ». A ce moment et au moins inconsciemment, les choses étaient claires, puisque *j'étouffais, j'ai tout fait* pour me faire virer ! En effet, suite à des articles dans l'Express et le Canard Enchaîné mentionnant ce livre, mon nom et l'entreprise où je travaillais – Bull –, celle-ci m'a remercié dans la journée. Par ailleurs, l'asthme dont je souffrais a disparu instantanément, sans jamais revenir.

A ce stade de ma recherche, j'ai du mal à identifier l'origine de mon ouverture spirituelle, entre le catholicisme, la franc-maçonnerie, le contact chamanique direct avec la nature – lors de stages de communication avec les arbres ou les dolmens –, les tarots ou la mémoire de l'univers[13]. Je perçois plutôt chez moi – comme chez Dominique – une disposition spontanée à donner une dimension initiatique aux événements de notre vie. A Karnak, dans la salle des colonnes, j'ai vécu également une expérience similaire à la sienne. Visite organisée en groupe, temps limité car le bateau doit reprendre son périple, tout ce que je déteste. Comme à l'accoutumée, je reste en retrait du groupe, à bonne distance. L'entrée dans le site est majestueuse et les deux rangées de statues me serrent déjà le plexus. Les colonnes monumentales m'attirent, je suis d'abord écrasé par leur taille titanesque et par leur sérénité. Elles occupent cette place depuis quelques millénaires et bravent tranquillement le temps qui passe, même si le toit du monument initial a disparu. Progressivement, je me rends compte que cet espace m'est familier, j'y ai déjà vécu et je le connais de tout temps. Quelle douceur, quelle puissance. Je passe d'une colonne à l'autre, espérant une rencontre imprévue. Je perçois quelques ombres suspectes qui me font douter, à cet instant, de ma santé mentale. Heureusement qu'un ami vigilant est venu me chercher car le bateau serait reparti sans moi. Pourtant, ce départ fut un arrachement qui m'a laissé un sentiment de malaise pendant plusieurs heures : j'étais si bien chez moi, enfin débarrassé de mon corps et du temps !

---

[13] Concept développé dès 1981 par Rupert Sheldrake, un biologiste anglais, et repris depuis par de nombreux chercheurs.

DOMINIQUE *Regard croisé*

Les deux initiations relatées par Michel éclairent la diversité des expériences que recouvre le terme. Le « passage » maçonnique plutôt intellectuel, s'inscrit dans un cadre rituel prédéterminé par la tradition. Le second « passage » – la connaissance intériorisée du tarot – illustre cette plongée soudaine dans un monde jusque-là hors de portée. C'est bien cet accès inattendu à un champ d'information ou à une forme préexistante que procure l'initiation authentique. Au-delà de la réalité matérielle que nous expérimentons dans notre caverne au quotidien, s'étend le monde des idées tel que l'a décrit Platon, chaque idée générant une forme appelée à s'incarner. Ainsi le monde des archétypes et des mythes vit parallèlement au nôtre et brusquement nous voilà capables d'entrer en communication avec l'un de ces modèles et de l'actualiser à travers notre personne.

Inutile de préciser que l'appartenance de Michel à une loge qui reconnaît un créateur, le Grand Architecte de l'Univers, m'apaise. Ce n'est pas le cas de toutes les obédiences, certaines étant manifestement athées. A plusieurs reprises, j'ai rencontré des maçons catholiques pratiquants, qui ne voyaient pas d'incompatibilité entre les deux voies. Malgré leurs tentatives, j'ai toujours refusé d'entrer dans une loge féminine. Je n'en voyais pas vraiment l'intérêt, la prière, l'écoute de la Parole, les homélies dominicales et la lecture d'ouvrages spirituels suffisant à nourrir ma vie intérieure. Et, disons-le franchement, je préférais m'en référer à Jésus plutôt qu'à un impersonnel Grand Architecte de l'Univers !

Dans la démarche franc-maçonne, la « recherche de la Parole perdue » suscite mon perpétuel étonnement. De prime abord, l'expression m'est incompréhensible, puisque la Parole est à disposition de chacun dans la Bible. A moins qu'il ne s'agisse là aussi d'une réalité d'ordre vibratoire, celle qui correspond à notre être incarné, à notre nom, et qu'il faut savoir retrouver en soi pour vivre pleinement. L'explication succincte que Michel en donne – retrouver le principe de vie – ne me convainc pas. Car c'est ainsi que nous fonctionnons : chacun écrit un chapitre et quand il l'estime cohérent, le fait lire à l'autre qui réagit dans les *Regards croisés*. Cette façon de procéder permet de conserver une certaine spontanéité à nos confidences.

Il est aussi frappant de voir que dans nos deux expériences, la sensation de vivre plus intensément, d'entrer dans le Vivant éternel, est présente. De même que l'expérimentation d'une transformation intérieure, d'un autre niveau de conscience. Ce principe de mutation est inscrit au plus profond de notre être. Certains diront que c'est le mouvement même de la vie. D'autres verront, comme nous, la marque du divin dans ces lois ontologiques qui façonnent le développement de l'homme, créé à l'image et à la ressemblance de Dieu.

Enfin je suis heureuse de lire à la page précédente, que Michel dans un moment de détresse, a lui aussi lancé un appel à son *Seigneur*. L'utilisation de ce terme n'est pas anodine ; elle traduit déjà une adhésion profonde à la foi. Avant de lire les Evangiles, le mot lui-même m'était un peu étranger. Il me rappelait trop les seigneurs des romans de capes et d'épées, dont je raffolais à l'époque, avec la complicité de mon père qui m'apprenait par jeu la botte de Nevers.

Lorsque j'ai lu le Nouveau Testament, le terme m'a paru aller de soi, j'ai pu le prononcer avec facilité et bonheur. De même auparavant, je m'étais toujours étonnée de la réponse de Saint Thomas devant les plaies du Christ ressuscité : « Mon Seigneur et mon Dieu ! » J'essayais d'imaginer ce que j'aurais répondu à sa place, vraisemblablement autre chose. Mais lorsque j'entrai dans la foi, cette réponse me parut totalement juste. C'est peut-être la Parole que j'avais perdue et que je retrouvais ?

Pour clore ce regard de manière plus légère, je ne résiste pas à l'envie de relater la réaction spontanée de mon père lors de ma profession de foi. « Jamais je ne me ferai à ce vocabulaire religieux ! Je regrette, mais quand j'entends *agneau de Dieu*, je pense tout de suite au gigot ! » Les larmes du rire me montent encore aux yeux...

3

Principaux symboles et rituels

Le plus court chemin vers soi passe par autrui.
Emmanuel Levinas

En franc-maçonnerie

MICHEL

Mes frères et moi nous réunissons deux fois par mois en « tenue » au cours de laquelle nous pratiquons un rituel[14], notamment d'ouverture et de fermeture de nos travaux. Le cœur de nos réunions est constitué de « planches » rédigées par un frère et qui donnent lieu à des questions et à des enrichissements, afin d'alimenter la réflexion et la méditation des frères. Chacun est encouragé à présenter son éclairage à partir de son vécu, en ne prenant la parole qu'une seule fois sur un thème donné. Nous partageons donc des pensées, des émotions et du ressenti. Une planche peut concerner des recherches sur nos symboles, des questions sur la spiritualité et l'ésotérisme, ou l'approfondissement de points particuliers de notre rituel. Après chaque tenue, nous partageons des agapes fraternelles « en salle humide » dans une pièce à l'extérieur du temple, autour d'un repas rituel, chaleureux et respectueux. Que se passe-t-il donc à l'intérieur du temple quand les portes sont fermées et que les parvis sont déserts ? Nous travaillons à la recherche de la vérité, sur soi, sur les autres et sur le monde. La

---

14 Les loges fédérées de la Grande Loge de France travaillent au Rite Ecossais Ancien et Accepté, le plus pratiqué dans le monde.

démarche initiatique consiste d'abord à aller chercher sa propre vérité au fond de soi-même, dans une alternance d'action et de méditation. Notre projet est que chaque frère se construise lui-même afin de construire l'humanité.

Partager les outils du franc-maçon ainsi que mon vécu de la méthode maçonnique est œuvre délicate. J'ai donc choisi d'avancer pas à pas, lettre après lettre, comme le recommande notre méthode en présentant ma perception actuelle des principaux symboles et éléments de notre rituel : la spiritualité, la méthode maçonnique, le symbolisme, le ternaire, la Lumière, le silence, le temple, le rituel, le Volume de la Loi Sacrée (la Bible), l'Equerre et le Compas, la Croix.

La spiritualité

La spiritualité proposée par le Rite Ecossais nécessite une disposition particulière de l'âme, composante spirituelle de la personne, qui anime son existence et lui confère une impulsion éthique, lui inspire une ouverture inconditionnelle du cœur (à lui-même, à l'autre et à toute forme de vie), lui permet de dépasser les craintes et les doutes freinant son élan vers l'inconnu, lui apporte force et persévérance sur le chemin ardu de sa découverte et de sa transformation.

Max Icher

La spiritualité ne s'explique ni ne se démontre. C'est la manifestation en l'homme de l'esprit, c'est-à-dire la conscience de la présence en chacun de nous, d'un élément qui échappe aux lois physiques organisant l'univers. La spiritualité est une recherche intime et permanente, la découverte de notre nature humaine dans ses aspects les plus profonds, dans une approche non dogmatique. Il s'agit de vivre cette expérience en tant que sujet et d'habiter sa propre vie, dans une recherche d'éternité et d'absolu, un absolu qui serait le réel lui-même, une éternité qui serait l'absence du temps. Le mot « spirituel » vient du latin *spir* qui a donné naissance à *spirare*, « souffler, respirer », et à *spiritus*, « respiration, souffle d'air et souffle de vie », c'est-à-dire le souffle divin, l'esprit par opposition à la matière, principe de vie et intelligence suprême non soumis à la loi de la pesanteur. L'Homme serait donc un animal qui se redresse grâce à la spiritualité. Vivre une vie spirituelle signifierait ainsi savourer le souffle de vie, l'amour et la lumière de notre propre réalité en prenant une distance pertinente par rapport à notre perception de cette réalité. Décréter la spiritualité – définie aussi comme la vie de l'Esprit dégagé de la matière et des sens – est donc chose impossible s'il n'y a pas la volonté de s'engager dans la voie spirituelle et de s'y maintenir, de vivre la solitude si possible sereine de sa propre progression.

Ma vie spirituelle est une quête de tout ce qui donne un sens à mon existence. Je la vis de l'intérieur en étant essentiellement présent à ce qui se passe en moi et autour de moi, ici et maintenant. Elle implique une manière de voir le monde, de me voir moi-même, de me sentir responsable et co-auteur en cherchant à transformer mon agitation fébrile en action en profondeur. Il s'agit de convertir mon regard, de naître à moi-même et de cheminer dans notre tradition, en évoluant du psychologique au spirituel. Cette recherche de cohérence n'est donc pas intellectuelle ou conceptuelle. Elle est d'ordre intuitive et non raisonnante. La voie spirituelle ne vise pas seulement à améliorer le caractère, l'attitude ou le comportement d'une personne. Elle s'adresse à sa nature profonde enfouie sous ses conditionnements et rendue accessible dans les moments de rupture. Un enseignement spirituel provoque de telles ruptures, notamment lors des cérémonies d'initiation. Une voie spirituelle s'apprécie donc par sa capacité à libérer celui qui la pratique en éveillant sa conscience. La quête spirituelle est ainsi une pratique quotidienne menée avec amour, courage et humilité. Il s'agit de passer du rapport de force au rapport de sagesse ouvrant vers l'unité, par la recherche harmonieuse de l'action juste. Nul ne peut juger de la pertinence d'un cheminement sans l'avoir parcouru lui-même.

La méthode maçonnique et le symbolisme

La nature est un temple où de vivants piliers
laissent parfois sortir de confuses paroles
l'homme y passe à travers des forêts de symboles
qui l'observent avec des regards familiers.
Baudelaire, Correspondances

Notre méthode est initiatique, traditionnelle et symbolique. La démarche initiatique est une conversion progressive du regard au-delà de l'apparence perçue par nos sens. Un symbole est un objet matériel qui représente une idée, un concept invisible nous ouvrant les portes de l'absolu. C'est un lien, un pont, un chemin et un langage à la fois individuel et universel qui révèle ce qui est occulté. La pensée symbolique est un des moyens d'accès à la connaissance. Elle ne cherche pas à posséder le symbole comme un objet, à chercher à le réduire, le maîtriser et le contrôler. Elle l'accueille comme un sujet vivant dans le respect de son altérité et des messages qu'il nous transmet. C'est un mode de pensée féminin, au sens de l'humide[15], de la conscience qui accepte cette altérité et se met en alliance avec elle. Le symbolisme procède par analogie, au gré de l'interprétation et de la sensibilité de chacun. Tout symbole se perpétue en s'enrichissant car il est susceptible d'au moins deux interprétations opposées qui s'unissent pour se compléter. Tant que je n'ai pas vécu un symbole de l'intérieur, je n'en ai pas trouvé ma propre interprétation.

La Connaissance se révèle par le diabolique et le symbolique. Le *diabolos*, le diable, est ce qui divise, détruit et consume. Le diable est celui qui empêche l'unité, l'unité des hommes avec Dieu et l'unité de l'homme avec lui-même. Le *symbolon* est le symbole qui unit, archétype de la synthèse qui tient ensemble les deux parties. Dans l'Antiquité, quand deux personnes se séparaient, elles brisaient une tuile ou une céramique. Chacune en emportait une moitié et il arrivait que, bien des années plus

---

[15] En alchimie, l'humide représente les dimensions inconscientes et le sec, la conscience. Passer de l'humide au sec signifie prendre conscience.

tard, elles se reconnaissent en réunissant les deux morceaux. Le travail sur les symboles est notre expérience fondamentale de passage de la dualité vers l'unité, car un symbole n'est pas une idée ou un concept qui divise, chacun défendant son opinion. Quand je m'exprime en tant que frère, c'est le résultat d'un travail intérieur d'assimilation et de transformation des symboles maçonniques et de leur transcription la plus audible possible. Quand je décris ce que m'évoque un symbole, je suis relié aux archétypes de notre inconscient collectif et ce que j'exprime complète ainsi les expressions des autres frères sans qu'il puisse y avoir opposition.

Le symbole assure la médiation entre l'homme et le cosmos, entre la matière et l'esprit. Il accompagne le mouvement pendulaire où l'esprit se matérialise et la matière se spiritualise. Mais l'expérience de la matière peut être fatale pour l'homme, c'est-à-dire enfermement dans un corps mortel, perte ou oubli de la Conscience, de l'Amour et de la Vie qui animent cette matière, oubli du Principe d'où nous venons et de la fin vers laquelle nous allons. L'expérience de la matière peut aussi être « pascale » : passage à travers les formes, les limites, les douleurs et les joies de la vie terrestre vers la Vie essentielle. Alors, comment nous dépouiller des préjugés, de l'erreur et du mensonge dans lesquels nous sommes tombés par ignorance, par cupidité et par orgueil ? De même que l'âme se purifie en s'incarnant, comment pouvons-nous spiritualiser la matière ?

La méthode maçonnique s'appuie sur la tradition qui est tout ce que nous recevons et dont nous sommes dépositaires, ce qui est commun aux hommes et ce qui les unit, le lien entre le passé et le présent, la source de la doctrine révélée par la Parole. L'Homme n'invente rien de ce qui existait déjà depuis l'origine. La tradition est l'ensemble des mythes, des attitudes et des vérités humaines transmises. Elle est régie par des principes qui dépassent ce qui n'est qu'humain et individuel, nous amenant à rechercher la transcendance dans le sacré. *Tradere* signifie transmettre. La tradition se transmet par voie initiatique, par les rituels vécus de l'intérieur, en ouvrant nos sens, et par les symboles – immuables et permanents quelle que soit l'époque –

qui permettent aux francs-maçons de lire les signes du monde pour construire le temple de l'homme. Le cosmos est un lieu de symboles vivants – la voûte étoilée, le soleil, la lune, la lumière, les ténèbres – pour mieux connaître l'homme et mieux comprendre les hommes. Tout est signe mais ne le devient réellement que lorsqu'il est reçu et interprété. Le signe n'existe que lorsque l'homme lui donne un sens. A l'extrême, l'univers n'existe que parce que l'homme existe aussi pour le penser et le percevoir.

La tradition est donc à construire chaque jour pour continuer à bâtir la civilisation, car elle est vivante en chacun de nous, dans l'éternel présent. Elle n'est pas dans l'objet mais dans le sens de l'objet. La tradition maçonnique se nourrit et intègre les principaux courants de pensée qui ont utilisé le langage symbolique pour permettre aux initiés de progresser dans leur recherche personnelle et leur réalisation spirituelle. L'initié continue à se détacher de la matière pour prendre conscience et se consacrer à la réalisation spirituelle. Il devient ainsi passeur de lumière, passeur de vie et d'énergie au contact de ses frères, et passeur de conscience.

Le nombre trois et le ternaire

La vérité et la liberté sont des maîtresses exigeantes car elles ont peu d'amants.
Albert Camus

Le nombre trois structure notre méthode et nous donne progressivement et symboliquement accès à un plan de la connaissance où la dualité se résout en unité : rechercher l'essence derrière l'apparence et passer de l'existentiel à l'essentiel. Le nombre un est le principe unique, l'Etre suprême qui se polarise en masculin et féminin, actif et passif, se manifestant par le nombre deux. Les principes masculin et féminin s'associent pour créer le nombre trois, l'enfant fruit de leur union. Le nombre trois est le principe stabilisateur – comme dans le triangle ou le trépied – et l'expression de l'accomplissement. En loge, le dialogue n'existe pas, ni les applaudissements, ni les polémiques. Je ne peux répondre à un frère que par la triangulation, en m'adressant au Vénérable Maître. La réponse éventuelle me parvient par le même canal, ce qui facilite le contrôle des émotions et augmente le temps de réflexion.

Le ternaire nous donne une méthode pour concilier les contraires. Notre pensée logique d'origine aristotélicienne a de la difficulté à concevoir qu'une chose puisse être à la fois elle-même et son contraire. L'absolu est celui en lequel les contraires coexistent, ce que j'ai personnellement du mal à conceptualiser. Nous recherchons en permanence la synthèse entre des thèses opposées ou contradictoires. Ce principe de pensée et de communication nous est rappelé par les trois coups de maillet frappés régulièrement. Plusieurs symboles maçonniques vont par trois. Quand je décore ma signature de trois points en triangle, j'indique que je suis prêt à ramener par le ternaire le binaire à l'unité. La création est duelle, sinon elle serait Une donc Dieu. Le sens de la vie est l'unité mais celle-ci ne peut s'exprimer que dans la dualité.

L'acceptation consciente de la dualité, des deux possibilités de résolution indissociables l'une de l'autre, est donc un formidable outil d'évolution spirituelle à notre disposition. Cette acceptation nous est rappelée en permanence par le pavé mosaïque gravé sur le sol du temple, constitué de dalles blanches et noires figurant un damier, centre initiatique du monde. Le franc-maçon marche bien sûr sur la voie étroite séparant le blanc et le noir, sur le fil de l'épée. Ce qui signifie pour lui de discerner le plus souvent possible le blanc et le noir, l'action engagée ne passant pas par la médiane et la tiédeur. Chacun peut constater que le discours privilégie souvent le blanc et l'action le noir car le pouvoir corrompt et l'action pervertit. Une loge maçonnique travaillant selon notre rite va donc construire des hommes et des femmes comme on n'en trouve pas suffisamment sur terre, restant humains avec leurs faiblesses, mais connaissant leurs sœurs et frères en humanité car ils leurs sont semblables, les comprenant car ils ont commis les mêmes erreurs mais exigeants envers eux-mêmes parce qu'ils ne veulent plus les commettre. La maçonnerie ne peut pas régler les problèmes du monde. Elle forme des initiés qui pourront agir chacun dans leur sphère. Loin des dogmes qui les éloignent de la vérité. Loin des luttes partisanes de ceux qui croient détenir la vérité.

La Lumière

Si tu ne vois pas encore ta propre beauté, alors fais comme le sculpteur d'une statue qui doit devenir belle : enlève le superflu, redresse ce qui est oblique et ne cesse de sculpter ta propre statue jusqu'à ce que brille en toi la clarté divine de la vertu. Ne cherche pas ce que tu pourrais ajouter, mais plutôt ce que tu n'as pas encore ôté dans la pensée qui est la tienne.

Plotin

Lors de mon initiation, j'ai demandé symboliquement la lumière afin qu'elle m'éclaire et que je puisse ensuite la dispenser. De quelle lumière s'agit-il ? Celle de la bougie ou celle du miroir ? Celle qui vacille dans mon cœur, celle que j'entrevois au bout du chemin, celle qui va faire de moi un bâtisseur, un contributeur ? La Lumière ne se voit pas, elle est invisible pour les yeux. C'est Elle qui nous fait voir. En franc-maçonnerie, la lumière qui nous éclaire est celle de l'Esprit. Elle succède aux ténèbres et s'identifie au verbe. Le latin utilise deux mots et distingue la lumière naturelle – qui illumine le monde matériel visible dans lequel nous vivons, le *lumen* qui donne *luminaire* – de la Lumière spirituelle – qui éclaire l'invisible et le monde intérieur, le *Lux* qui donne *lucidité*. Quand je vois une pierre, je la vois dans son extériorité grâce à la lumière du soleil ou de la bougie. Je la vois également par mon regard intérieur et je peux dépasser son apparence par l'initiation vécue. Je comprends bien que la pierre brute que je suis contient déjà la sculpture en train de se réaliser. C'est l'invisible que je cherche à voir et l'indicible que je cherche à dire.

En progressant dans les degrés maçonniques, le rituel m'indique que je porte en moi un reflet de la Grande Lumière et qu'il n'est plus temps d'attendre et de flâner dans les sentiers fleuris, que le temps se fait court et que le monde attend la Lumière. L'ordre de mission se fait plus précis. Il s'agit d'un combat, d'une recherche et d'une chasse dont l'initiation m'a donné le goût, et dans laquelle nos symboles, nos degrés, nos rituels et nos anciens frères sont les traces que je dois suivre. Comme dans la neige, ces traces sont à la fois indélébiles et profondes, fugaces et légères. Selon Pythagore : « La lumière du soleil est une, bien qu'elle se disperse sur une multitude d'objets. De même, il n'y a qu'une seule vie même si elle se répartit entre des millions d'êtres. »

La Lumière que nous portons en nous n'a pas d'interrupteur. On ne l'éteint pas à la fermeture des travaux, en quittant le temple. Notre rituel nous indique de sortir des Ténèbres pour voir la vraie Lumière, celle de la Vérité, afin d'être conduit au centre du vrai bonheur. L'homme et le monde viennent de la Lumière pour retourner à la Lumière, à travers l'expérience de la matière et la rencontre des ténèbres. Tout ce qui n'est pas accepté n'est pas transformé. Tout ce qui n'est pas assumé n'est pas éclairé. Tout est à transformer en Conscience et en Amour, c'est-à-dire en Lumière. Encore faut-il voir nos propres ténèbres, ce qui n'est pas le moindre des paradoxes. Comment identifier nos angles morts et connaître notre ombre, ce qui s'agite dans les profondeurs de notre inconscient et qui s'exprime au moment le plus inattendu ?

Le silence

Celui qui parle ne sait pas, celui qui sait ne parle pas.
Lao-Tseu

Le premier symbole rencontré après mon initiation est le silence, lors de la première tenue avec mes frères. Je connais l'endroit, j'en reconnais certains, il n'y a plus d'enjeu, que du plaisir et de la fierté d'avoir réussi mon entrée. Tout est maintenant différent. J'ai le droit de voir, d'écouter et… de me taire. Cette fois encore je ne fais pas partie des adultes, de ceux qui savent et qui ont le droit de parler. Pourtant j'accepte volontiers cette règle du jeu car les perspectives sont différentes et j'en entrevois le sens et les bénéfices. Ce silence ne me paraît pas pesant. J'aurai la parole quand je serai élevé au degré de compagnon, quand mon introspection d'apprenti aura suffisamment progressé. Le premier silence vécu fut celui du cabinet de réflexion. C'était un silence assez court et incomplet car il y avait une production à livrer : mon testament philosophique. Le silence de l'apprenti dure un an ou deux. Il est permanent et n'est pas orienté sur une action. L'apprenti n'a rien à produire ou à prouver. Simplement être présent et attentif.

Le silence est le premier pas vers la rencontre de soi et des autres. La formule d'Emmanuel Levinas peut s'inverser : « *Le plus court chemin vers autrui passe aussi par soi* ». Par le silence imposé, j'apprends à écouter l'autre jusqu'au bout sans l'interrompre, sans lui répondre instinctivement en lui coupant la parole. Au lieu d'évaluer l'autre à l'aune de mes projections, de mes préjugés et de mes peurs, je peux enfin mieux l'accepter et le comprendre. Il ne s'agit pas d'être d'accord ou de perdre mon libre-arbitre, je continue bien à penser et à éprouver des émotions. Mais ce que j'ai envie de répondre à un moment, d'autres peuvent le dire plus tard, et l'orateur pondère parfois de lui-même ses affirmations péremptoires en envisageant d'autres hypothèses qui me font accepter plus facilement l'ensemble. Je découvre que tailler ma pierre brute ne consiste pas seulement à rencontrer mon ombre ou nettoyer mon désordre personnel, mais aussi à rechercher en moi la paix intérieure.

Le silence maçonnique n'est pas matériel mais d'ordre spirituel. Il me permet de recréer mon identité et d'ouvrir la voie pour me réaliser intérieurement. Apprendre l'humilité et la patience, respecter l'expression de l'autre, accepter ses contradictions et la diversité des opinions passent par un entraînement régulier et non négociable. Le silence est la parole sans les mots (les maux ?) quand s'arrête l'action de la langue.

Le silence est une épreuve qui déstabilise certaines personnes. Parler à son voisin est une marque de savoir-vivre et de convivialité. Bavarder sans cesse permet aussi de fuir son propre questionnement et sa vacuité. Par le silence consenti, je retrouve certaines bases de la contemplation méditative : observer mes pensées, sans les juger, me concentrer sur le mouvement régulier de ma respiration, laisser le temps s'agrandir entre deux pensées. « Le silence règne » est une phrase rituelle qui indique qu'aucun frère ne réclame plus la parole et que nous pouvons clore nos travaux. « Respecter la loi du silence » est un engagement pris par le nouvel initié et rappelé régulièrement, afin que chacun maintienne la confidentialité et la discrétion de ce qui se passe à l'intérieur du temple.

Lors d'une des premières tenues, un frère m'a offert ce poème pour m'aider à mieux vivre le silence :
« C'est vaste et profond le silence
Il résonne comme une absence
Mais contient l'univers et son contraire
Et peut nous effrayer ou nous plaire
Comment le saisir par des paroles
Car le silence est un symbole. »

Après trente-six années de vie maçonnique, le silence qui parfois m'angoissait devient maintenant un élément de confort. J'écris souvent en silence, sans musique, simplement bercé par le vol des tourterelles, le vent dans les pins maritimes ou le grondement des vagues quand souffle la tempête.

Le temple

Je ne fais pas ce que je veux
mais je suis responsable de ce que je suis.
Jean-Paul Sartre

Ce qui m'a également frappé lors de ma première tenue, c'est ce temple fermé et ordonné comme un lieu religieux, espace du rituel maçonnique. La couleur bleue domine, le plafond représente une voute étoilée, l'entrée se fait entre deux colonnes, les dimensions se rapprochent du nombre d'or – la divine proportion –, renforçant ainsi la sensation d'harmonie. Le temple est orienté, nous entrons à l'Occident, à l'Ouest où le soleil rejoint les ténèbres d'où nous venons. Le Vénérable Maître siège à l'Orient, à l'Est d'où vient la lumière, indiquant la direction à prendre pour rechercher la vérité. L'inspiration du temple est clairement biblique puisque nous nous référons à l'Evangile de Saint Jean et au Temple de Salomon. Elle est aussi universaliste car l'univers obéit à un Grand Architecte, à des lois géométriques, physiques et universelles, établissant des liens entre notre microcosme et le macrocosme, entre notre temple intérieur, le temple de la Loge[16] et le temple de l'Univers.

Je construis le temple avec l'aide de mes frères, avec nos outils et nos symboles : équerre, compas, règle, ciseau, silence, regard, écoute, attention, dépossession des certitudes, interrogations plutôt que réponses prématurées, confiance plutôt que peur de l'autre. Ils nous indiquent que la maçonnerie est un chantier permanent, où chaque ouvrier reprend les outils des ouvriers précédents pour continuer l'œuvre de construction de soi-même et du monde. Le temple permet la rencontre symbolique entre le Ciel et la Terre. Il représente la Jérusalem céleste[17], point d'orgue de la recherche maçonnique. Progressivement, nous prenons conscience qu'il n'est plus nécessaire de relever le temple terrestre mais de chercher à faire descendre sur terre cette Jérusalem nouvelle, ce temple spirituel intemporel. Par ailleurs, le rituel et le formalisme des échanges m'ont aussi rappelé l'église et l'armée, deux organisations que j'avais rejetées.

---

16 Notre confrérie s'appelle une Loge, par référence au lieu où les ouvriers bâtisseurs se réunissaient au Moyen Âge, formaient les apprentis et rangeaient leurs outils.

17 Selon le Prophète Ezéchiel et l'Apocalypse de Jean, le monde est à l'image du Temple céleste, nos créations représentent le Temple de Dieu qui du Ciel descend sur Terre, dans un temps aboli.

Le temple maçonnique n'est pas sacré[18] en lui-même. Pour le franc-maçon, le sacré ne tombe pas du ciel, il est le résultat d'une action humaine. L'espace et le temps du temple maçonnique sont rendus sacrés, consacrés par le rituel, les gestes, le silence et la conscience des frères qui s'y réunissent, par la qualité de leur égrégore[19], cette énergie alchimique qui circule entre nous et facilite la synchronisation et la communication[20]. Le temple est sacré entre l'ouverture et la fermeture des travaux qui commencent et se terminent à des heures symboliques précises, par exemple midi et minuit, pour montrer que l'action n'est utile que si elle vient au moment propice, le kairos. Le sacré s'oppose au profane – le non sacré – et la frontière entre les deux varie selon les individus : est sacré ce que je m'interdis de considérer comme un objet de prédation. D'ailleurs, certains considèrent soit que le monde réel est sacré et que notre regard le profane, soit que l'initiation change notre regard sur le monde afin de le rendre sacré. Personnellement, je vois tout l'intérêt qu'il y a à rendre sacré le moment où l'on se réunit, et la façon d'y parvenir : je serai très gêné si l'un d'entre nous prenait la parole sans se mettre à l'ordre ou rentrait sans effectuer les gestes rituels.

Le rituel

La Tradition ne consiste pas à conserver des cendres,
mais à entretenir une flamme.
Jean Jaurès

En loge, notre rencontre n'est pas de rivalité ou de recherche de performances, ni de comparaison, mais de présence et de complémentarité par la prise de conscience de nos limites et de notre imperfection. Le rituel nous demande de « laisser nos

---

[18] Étymologiquement, est sacré, *sancire*, ce qui est séparé et circonscrit. Le profane, *pro-fanum*, indique ce qui se trouve devant l'enceinte réservée.
[19] Selon l'étymologie grecque, il s'agit de l'être collectif éveillé. Force de cohésion entre les membres d'un groupe. Qualité de l'énergie qui circule entre eux.
[20] Appelée aussi petite communion.

métaux à la porte du temple » ce qui signifie de nous dépouiller de toute hiérarchie sociale et financière ainsi que de tout objet matériel, afin de tourner notre regard vers la lumière de l'Esprit. Le rituel se vit et se ressent, sans prétention d'objectivité. Comme la spiritualité, il ne s'explique pas. En loge, j'entends un autre langage que je n'entends pas ailleurs, un langage qui ne cherche pas à convaincre mais à poser des questions et à interroger. Avec notre devise Liberté – Egalité – Fraternité, nos règles sont la vérité, la justice, la tolérance, l'écoute et le respect d'autrui, la persévérance dans le travail, la patience, la vigilance et la mesure dans nos actions.

A l'écart de tout dogme, nous échangeons nos idées afin que chaque frère puisse former son propre jugement. Chacun prépare une question, en fait part aux autres qui, en retour formulent leurs réflexions. Ce mouvement alterné entre la parole et l'écoute permet à chacun de se construire en confiance. Etre franc-maçon n'est pas un statut, c'est un état que les autres reconnaissent. Je ne me décrète pas franc-maçon, ce sont mes frères qui me reconnaissent comme tel. Je vis, pense et agis sous leur regard. La loge est l'un des rares endroits où il n'est pas question de séduire ou de manipuler. Chacun de nous est un maçon libre dans une loge libre, un maçon vrai dans une loge vraie, où il s'agit d'être soi-même dans le respect de l'autre et dans l'action commune.

De l'autre côté du miroir, dans cet espace rendu sacré comme nous l'avons vu, tout est différent : « la Lumière nous éclaire et rend visible les Etoiles ». Nous avons accès à un autre monde, tout en continuant d'être actif dans le monde précédant. L'enjeu est de ne plus confondre la physique et la métaphysique, les mots et les idées, les idées et les symboles, les lois humaines et la loi universelle, le travail humain et la récompense divine. Quand le Vénérable Maître dit « Prenez place », il ne nous dit pas seulement de nous asseoir mais de prendre notre place, pas n'importe laquelle, la nôtre, celle que nous occupons en loge et, par analogie, dans notre vie.

Le but du rituel s'apparente à celui du zen : il s'agit de retrouver cet état de santé primordial, la tranquillité du corps, la sérénité de l'esprit, l'ataraxie[21] et la paix intérieure. Le calme est la substance de la sagesse. Vouloir atteindre la sagesse est une tâche difficile. Faire l'expérience du calme intérieur est accessible à tous, car le calme est une ressource du corps, du corps que l'on est. L'un de nos gestes rituels – « se trancher symboliquement la gorge » – indique que la priorité est de couper le mental, le raisonnement et la logique afin d'identifier d'autres voies d'accès à la connaissance. L'expression « Je ne sais ni lire, ni écrire » montre que le sens de la méthode maçonnique n'apparaît que progressivement, que l'apprenti au début épèle avec difficulté ce qui plus tard lui apparaîtra plus fluide.

Notre méthode repose sur la pensée intuitive et paradoxale qui nous aide à nous libérer du connu. Dans ce sens, le rituel initiatique me permet aussi de me rapprocher de l'expérience de l'unité. Si je dis ou si j'écoute notre rituel, chaque mot, chaque geste doit être donné dans la plénitude et la discipline de l'état présent. Si je le bâcle ou si je ne suis pas attentif, je me gâche et je gâche les autres. Si j'habite pleinement l'instant présent, attentif aux gestes quotidiens et apportant une présence d'amour à l'autre, je suis moins dans la dualité, vouloir être ici ou ailleurs, être d'accord - pas d'accord. C'est alors un don que je fais aux autres et que je me fais à moi-même. Ce qui ne me protège pas de mon dialogue intérieur fréquent entre mon « canard » qui me rappelle mes penchants les plus noirs et mon « ange » qui m'encourage à suivre la Voie. Nous partageons le même moment dans le respect d'un événement qui nous dépasse et qui nous relie. Notre récompense est souvent dans la perception de l'égrégore, dans cette sensation d'être à la fois le TOUT et une partie du TOUT.

---

21 Tranquillité de l'âme.

Le Volume de la Loi Sacrée, la Bible

Dieu est une sphère intelligible
dont le Centre est partout et la circonférence nulle part.
Saint-Augustin

Avec l'Equerre et le Compas, Le Volume de la Loi Sacrée est indispensable à l'ouverture des travaux maçonniques. Pour les laïcs et les athées, la présence de la Bible nous donne une teinte religieuse. Pour les croyants intégristes, nous profanons leur livre saint en nous l'appropriant. Pour nous, francs-maçons de la Grande Loge de France, la Bible est le livre de la tradition qui nous raconte une histoire éternelle, celle de chacun de nous. Les histoires de création du monde racontent en fait la même histoire, celle de l'homme en qui la conscience naît, qui construit son esprit sur son corps de chair, à partir de son chaos initial et au travers des épreuves traversées. Dieu est la part divine en soi qui nous pousse à nous perfectionner. La lecture religieuse de la Bible ne nous concerne pas. Nous ne sommes ni pour, ni contre. Elle fait partie des trésors de l'humanité contenant la sagesse des anciens. Notre rite s'appuie sur la Bible, sur des faits historiques et sur des légendes. L'ancien et le nouveau testament nous rappellent les alliances renouvelées avec le divin, c'est-à-dire avec ce qui ne relève pas du pouvoir des hommes. Le franc-maçon considère que nous sommes chacun des personnages de la Bible, y compris Jésus représentant l'homme tel qu'il devrait être prêchant l'amour universel. C'est l'initié parfait. Marie est l'archétype de la Terre-Mère, la Mère universelle qui donne la vie. Elle est fécondée par l'Esprit pour donner naissance à l'homme en tant qu'être double, à la fois corps et esprit. A ce vecteur chrétien de la tradition, la franc-maçonnerie en intègre d'autres : la démarche des compagnons et des constructeurs de cathédrales, celle des alchimistes cherchant à transformer le plomb pesant en or de la connaissance, l'engagement de la Chevalerie pour transformer le Monde en s'appuyant sur des principes de justice et de justesse.

L'Equerre et le Compas

Le repos oisif donne force et énergie
Le silence donne le mouvement
L'effacement mène à l'humilité et à la simplicité
La distance mène au discernement
Inconnu

Ces deux symboles sont complémentaires. L'Equerre a pour fonction d'élever des perpendiculaires et de tracer ou de vérifier un angle droit. Elle nous inspire la droiture, la rectitude et l'équité dans nos pensées et nos actions. Elle contrôle la taille des pierres et nous astreint à corriger nos défauts qui nous empêchent de tenir notre place dans la construction de notre idéal. L'Equerre vient du latin *carré* et symbolise la Terre. Elle représente mon existence matérielle, terrestre et humaine. Le Compas est un instrument de mesure et de comparaison. Il nous permet d'apprécier la portée et la conséquence de nos actes qui devront toujours être fraternels. Le Compas sert à tracer la voûte céleste et à se relier au Ciel, à découvrir les signes représentant le Nom Ineffable du Grand Architecte de l'Univers, l'Esprit et la dimension spirituelle. Le cheminement initiatique du franc-maçon se réalise de l'Equerre au Compas, du temple matériel au temple spirituel. Le cercle inscrit dans un carré représente l'étincelle spirituelle cachée dans la matière. L'Equerre utilisée en harmonie avec le Compas nous permet ainsi de spiritualiser la matière et de concrétiser l'esprit dans la vie quotidienne. Etre initié c'est résoudre symboliquement la quadrature du cercle : se libérer de ses propres entraves, des dogmes et autres routines de pensée, unir ce qui sépare, fusionner ce qui oppose, accepter l'inacceptable, dépasser nos limites individuelles et collectives et s'ouvrir à d'autres niveaux de conscience. Depuis mon initiation, j'apprends à vivre entre l'Equerre et le Compas, en relation d'amour avec mes Frères et avec Dieu, travaillant les leçons apportées par les événements de ma vie, par des allers-retours fréquents entre le pôle matériel et le pôle spirituel.

La Croix

La Croix représente la totalité des états de l'Etre,
en épanouissement intégral, en ampleur et exaltation.
René Guénon

Symbole chrétien par excellence, la Croix est également au cœur de nos outils de travail maçonnique. Union des dimensions verticales et horizontales, la Croix détermine un centre d'où l'Esprit se projette dans le carré, symbole de l'existentiel. Union des contraires, elle représente l'homme qui se réalise. Depuis que l'initié peut évoluer sur l'horizontale en poursuivant son travail sur la perpendiculaire, il se trouve ainsi symboliquement au centre de sa Croix et progresse vers la Croix universelle dans la résolution de ses propres quadratures.

La branche horizontale de la Croix indique la voie de l'amour humain, le symbole de l'espace et la mort physique. La branche verticale nous montre la vie, la lumière, la complémentarité entre le matériel et le spirituel, la voie de la connaissance et le symbole du temps. La Croix symbolise la naissance de l'Esprit par la complémentarité entre les deux mouvements d'Immanence et de Transcendance. Au centre de la Croix, l'initié se sacrifie et s'accepte en tant que Croix vivante par sa capacité de mourir à lui-même.

Dans les degrés maçonniques supérieurs, nous prenons modèle sur Jésus, Grand Initié parfait de l'amour du Soi, afin d'expérimenter concrètement l'amour Charité et le partage. La Croix nous montre la voie de la rédemption par laquelle le Christ s'offre en victime expiatoire des fautes de l'homme. Pour les alchimistes, la Croix est le creuset dans lequel la matière première se transforme, la Passion du Christ qui meurt sur la croix mais ressuscite comme symbole de la lumière manifestée. La Croix permet la réintégration du feu alchimique, renouvelant entièrement la nature. Il s'agit de brûler ses scories et de renaître en retrouvant la Parole perdue sous l'aile du Phénix.

La Croix représente l'Amour du Christ, le partage de la connaissance spirituelle et de la nourriture matérielle. Jésus nous rappelle : « Je suis le Chemin, la Vérité et la Vie, et vous ne me suivez pas ». L'initié est donc libre d'aimer et peut alors édifier son temple spirituel dans le silence de son cœur.

Symboles et rituels catholiques

DOMINIQUE

En cet instant de notre rédaction parallèle, je n'ai pas encore lu le chapitre que Michel consacre à la méthode maçonnique mais déjà son titre m'interpelle. Les catholiques ont-ils eux aussi une méthode ou des outils pour avancer dans leur vie spirituelle ? Spontanément, me viennent à l'esprit ces moyens que sont les Sacrements, dont l'Eucharistie, et la Parole pour guider notre cheminement. Quant à la méthode, elle tient tout entière dans l'action de l'Esprit saint. Mais réflexion faite, et pour répondre de manière strictement personnelle, je vois « trois outils » pour creuser notre sillon : la lectio divina, la prière et la messe.

La lectio divina

Ce terme latin continue à être utilisé de nos jours pour signifier la lecture méditative des textes sacrés, que pratiquent au quotidien prêtres, moines et moniales. Apercevoir des ordinateurs portables et des mobiles à côté des sculptures pieuses dans les presbytères ou les monastères, m'a toujours amusée. N'est-ce pas la preuve que le monde « speed » d'Internet peut cohabiter avec celui de la méditation silencieuse ? La lecture qui élève l'âme est aussi à portée des fidèles internautes. Depuis mes vingt ans, j'ai toujours sous la main un ouvrage spirituel au sens large du terme, que je prends de préférence le soir, avant de m'endormir. Ces quelques pages, loin du tumulte quotidien, m'apaisent et orientent favorablement mes nuits.

La découverte des livres d'Annick de Souzenelle a considérablement enrichi mes tentatives de compréhension des grands textes bibliques, en particulier ceux de la Genèse. Quel chrétien en effet n'a pas médité sur la création du monde, le modelage du premier Adam et de la première Eve, l'épisode de la tentation ou l'interdit divin frappant les fruits de l'Arbre de la connaissance du bien et du mal ?

Annick de Souzenelle, spécialiste de la langue hébraïque et psychothérapeute, éclaire la création de l'homme sous un angle original. Elle s'écarte des diverses traductions du texte hébreu pour en proposer une nouvelle, plus littérale : la côte d'Adam que Dieu utilise pour lui donner une compagne peut aussi s'entendre comme un autre *côté* de l'homme créé par Dieu, un côté féminin représenté par l'inconscient.

Avec cette clé de lecture, le sens symbolique des épisodes fondateurs devient plus évident. L'homme – ici dans son sens générique – doit épouser son côté féminin, son inconscient, pour devenir un être complet, au même titre qu'il doit épouser sa femme, pour quitter son père et sa mère, et devenir avec elle une seule chair. Un parallèle s'impose immédiatement avec l'animus et l'anima développés par Jung, l'énergie masculine et féminine, qui lorsqu'elles s'unissent font accéder l'homme à l'individuation, au développement du Soi.

Les dernières découvertes sur la psyché humaine, montrent que tout acte est généré d'abord par l'inconscient, la conscience ou la volonté n'intervenant qu'une seconde et demi plus tard, pour poursuivre ou infléchir le mouvement - voire la parole - en devenir. Avec l'éclairage d'Annick de Souzenelle, l'épisode de la tentation devient explicite : Eve, qui est la représentation de l'inconscient de l'homme, tente Adam. Notre inconscient ne nous propose-t-il pas de manger les fruits interdits, de nous affranchir du Créateur, de devenir ce dieu qui fait la loi ? Toute la problématique de l'homme perpétuellement tenté de quitter son état de créature pour se substituer au Créateur est ici dévoilée. En ne respectant pas la position qui lui a été donnée dans la création, l'homme chute et endure les tourments jusqu'à ce qu'il accepte de redevenir enfant de Dieu, d'appeler Dieu son père et de recouvrer son identité. Là aussi, on peut se poser la question : pourquoi le Christ a-t-il choisi le mot père pour signifier Dieu ? L'Incréé ne peut pas être appréhendé par nos esprits, il faut donc utiliser un terme qui entre dans les catégories de notre pauvre expérimentation humaine et surtout qui engendre l'attitude juste devant la divinité, faite de respect et de confiance.

Toutes les approches que développent ces chercheurs que sont Teilhard de Chardin, Eugène Drewermann, Marie Bramly, Annick de Souzenelle et tant d'autres, sont naturellement plus libres que les commentaires que peuvent apporter les prêtres, tenus aux interprétations plus traditionnelles des textes. Ces passerelles jetées entre la psychologie, la psychanalyse, les sciences cognitives et la Bible sont passionnantes. Elles contribuent à éclairer la profondeur des textes fondateurs, à les rendre plus accessibles à notre compréhension moderne, à les extraire d'une imagerie parfois un peu naïve sous laquelle ils nous sont présentés. Mais le merveilleux réside dans le fait que, même sous une apparente simplicité, ces textes parlent à notre inconscient et font silencieusement leur chemin dans nos cœurs.

La prière

Se nourrir de livres spirituels fait donc partie de la « méthode » chrétienne. Tout comme la prière de louange et celle d'intercession. La première consiste à remercier Dieu pour sa création, les grâces qu'il nous prodigue, l'amour que nous manifestent nos proches... La prière de louange nous ramène à l'amour, elle est simplement une déclaration d'amour. En faisons-nous souvent ? A Dieu, comme à nos proches ? Sous des dehors, que certains détracteurs taxeront d'enfantins, rendre grâce se révèle un outil exceptionnel pour nous extraire des tourments dans lesquels nous plongent nos idées noires. Lorsque la colère, le ressentiment ou le découragement accaparent notre mental, la louange fait aussitôt taire ces démons intérieurs et ramène notre esprit vers cet espace de paix, ce bastion imprenable qui réside dans les profondeurs de notre coeur.

Sous cet angle utilitaire, la prière de louange constitue une hygiène mentale indispensable à la bonne santé de notre psychisme, le remède pour regarder le versant lumineux de l'amour plutôt que l'abîme creusé par les problèmes qui nous assaillent. Et l'étonnant, c'est qu'au plus noir de nos désarrois, nous trouvons presque toujours matière à remercier, ne serait-ce que pour un sourire ou un regard qui nous a été adressé. A défaut, dans les moments d'accablement, nous pouvons confier nos souffrances à Jésus, dans un lâcher prise total face aux difficultés. Ce lâcher prise, que l'on retrouve dans le Bouddhisme comme dans tant de religions, ne s'effectue jamais dans le désespoir. La puissance de la prière l'inscrit dans un acte de foi et de confiance dans le Christ ou dans Marie.

La sophrologue qui m'a enseigné quelques mouvements respiratoires relaxants avait une façon amusante de décrire le travail intérieur à accomplir. Notre esprit est composé de particules positives, négatives et neutres, expliquait-elle. Les négatives ne changeant pas de nature, ce sont les neutres auxquelles il faut s'intéresser. Le jeu consiste à les entraîner dans le camp des positifs, à étendre ainsi le domaine du Bien. Le parallèle avec la prière de louange m'avait sauté aux yeux.

Quant à la prière d'intercession, elle aide à prendre conscience de nos besoins, elle nous pousse à réfléchir à ce qui est vraiment essentiel pour nous au moment présent et à le formuler. La parole est créatrice, toute prière l'est d'autant plus. Au fil du temps, nos demandes évoluent, reflétant nos changements intérieurs. Cette prière s'étend naturellement aux autres, que nous incluons dans nos requêtes. Elle augmente ainsi notre compassion vis-à-vis du prochain, nous affranchit de notre égoïsme et de ce fait, nous redonne courage. Se confier à Dieu, confier les autres à sa bénédiction et à sa grâce, est un beau moyen d'expérimenter l'esprit de communauté.

Pour débuter l'oraison personnelle, la récitation de prières traditionnelles telles que le *Notre Père* ou le *Je vous salue Marie*, constitue une utile entrée en matière. Ces récitations ont le pouvoir d'installer la paix intérieure et de nous relier au divin ainsi qu'à la communauté des priants. Marthe Robin, fondatrice des Foyers de Charité, dont le procès en béatification est en cours, et à laquelle Jean Guitton a consacré un magnifique ouvrage, nous a laissé une version plus littérale et simplifiée de la prière consacrée à Marie. Je la reproduis ici :
Réjouis-toi Marie, comblée de grâce,
Le Seigneur est avec toi,
Tu es bénie entre toutes les femmes
Et Jésus, ton enfant est béni.
Sainte Marie, mère de Dieu,
prie pour nous pêcheurs, maintenant
et à l'heure de notre mort.

Le tutoiement et l'abandon de tournures vieillottes, redonne de l'élan à cette si belle invocation à la Vierge Marie. Le mot vierge provoque parfois un rejet et des moqueries chez certaines personnes qui s'obstinent à n'y voir que la dimension sexuelle. Symboliquement c'est une chair vierge, née sans péché, telle que Dieu l'a conçue initialement, que vient féconder l'Esprit saint. Marie est l'incarnation de cette création initiale, de la matière non pervertie : l'Immaculée conception. Elle représente aussi la part féminine de Dieu, ses qualités de tendresse et d'amour maternel, dans la réalité du monde créé.

La communauté des Saints

Les Saints nous ont transmis bien d'autres prières que nous pouvons reprendre à leur suite, en leur adressant nos demandes d'intercession. La communauté des Saints est absente du protestantisme. J'y ai toujours vu un appauvrissement et une sorte de déni de la vie éternelle. Il revient à chacun de sentir intuitivement quelles affinités le relie aux Saints que l'Eglise nous propose comme modèles, et de découvrir ainsi sa famille spirituelle. La compréhension de la vie chrétienne passe forcément par la découverte de l'histoire et de la vie intérieure de ceux qui ont manifesté les œuvres de Dieu. Les invoquer dans la prière est une façon de se remémorer les qualités exceptionnelles qu'ils ont incarnées, et de s'en pénétrer comme exemples d'aboutissement ultime de la vie spirituelle. La communion des Saints fait référence à ce peuple d'élus qui ont vécu de l'Amour de Dieu. A la suite de Jésus, chacun de manière extrêmement personnelle, Lui a consacré sa vie. S'adresser à eux est donc une façon de célébrer la prodigieuse diversité des personnalités qui, dans leurs différences d'époques, de pays et de cultures, ont communié au même Esprit saint, et de ce fait à la Vie éternelle. C'est aussi simplement une manière de s'inscrire dans la tradition catholique, dans la communauté des croyants d'hier et d'aujourd'hui. Pour ma part, j'ai toujours ressenti une attirance particulière pour Saint François d'Assise, Sainte Thérèse de l'Enfant Jésus et Charles de Foucault. Leurs écrits, leurs prières m'éclairent et me ravissent ; avec eux je me sens en famille.

Lorsque l'esprit est tourné vers le divin, rien ne peut l'atteindre, mais c'est le travail de toute une vie… J'ai envie de

reproduire ici la prière de Ravensbruck[22], trouvée sur un papier d'emballage dans un camp de concentration :
« Seigneur, ne te souviens pas seulement des hommes et des femmes de bonne volonté, mais aussi de ceux qui n'en furent pas. Ne te souviens pas seulement des souffrances qu'ils nous ont fait subir mais aussi des fruits que nous avons portés grâce à ces souffrances : notre amitié, notre loyauté, notre humilité. Souviens-toi du courage, de la générosité, de la grandeur d'âme qui ont jailli de tout cela. Et quand viendra pour eux l'heure du jugement, permets que tous ces fruits que nous avons portés leur soient comptés en pardon. »

Cette élévation spirituelle n'éclaire-t-elle pas l'interdit de manger du fruit de la connaissance du bien et du mal ? Seule l'acceptation du bien et du mal manifestés nous amène à dépasser cette dualité et à laisser Dieu seul juge...

Bien entendu, il ne s'agit aucunement d'approuver les camps de concentration. Cette prière montre simplement quel soutien spirituel et quelle transformation intérieure peut apporter la religion dans les pires circonstances. Et quelle hauteur l'homme peut atteindre, qu'il appartienne ou non à la chrétienté.

La messe

Le troisième support dont nous disposons est la messe. Dans un monde imparfait, comme il est bon de participer enfin à un moment de perfection ! Quotidien, qui plus est, dans les paroisses les plus chanceuses. Revisitée et rendue enfin accessible aux fidèles par le concile Vatican II, la liturgie de la messe nous entraîne jusqu'à un sommet spirituel, à une communion avec le Christ, en impliquant tous les niveaux de notre être, corps, cœur et esprit. Chaque messe nous recentre, nous nourrit, nous relie aux siècles passés, au temps de Jésus comme au présent de l'Eglise, à toute la communauté des croyants, les morts comme les vivants, et au futur de notre vie que nous construisons ici. Son rituel se répète, immuable mais toujours nouveau à entendre, car notre perception n'est jamais

---

22 Extrait du livre *« Le développement de l'homme en huit étapes »*, Denis et Matthew Lin, Sheila Fabricant, DDB.

la même, notre état intérieur en perpétuel mouvement. C'est maintenant que le Christ, après nous avoir lavé les pieds, nous convie à son dernier repas et accepte la croix pour nous montrer jusqu'où peut aller l'Amour.

La célébration de la messe s'inscrit dans une année liturgique qui nous fait goûter le temps cyclique. Nous expérimentons généralement le temps linéaire, qui nous mène d'un moment à un autre, en une ligne droite avec un départ et un objectif en point de mire. Le temps cyclique, qui s'inscrit dans un cercle, peut se répéter à l'infini. Si le temps linéaire est contraignant, voire soumis aux ruptures, le cyclique apaise, invite à la méditation. On ne court plus après un objectif, seul compte l'approfondissement de l'expérience vécue pendant une circonvolution qui ouvre sur les suivantes.

Ainsi la lecture de la Parole participe au cycle du calendrier liturgique. Ce n'est pas anodin, car ce calendrier, fortement lié à celui des saisons, fait éclore en nous des états différents. Pendant l'Avent, premier événement de l'année, nous nous enfonçons dans l'hiver, et nous nous préparons à la venue de l'Enfant divin, qui s'incarne dans une lignée bien humaine, dont les textes nous rappellent les détails. Nous baignons ensuite dans la lumière de Noël : au plus profond des ténèbres, voici la naissance de Jésus, celui qui sauve, la promesse de notre salut. Vient ensuite le Carême que nous passons au désert de la méditation. Quarante jours qui correspondent aux quarante ans où le peuple juif erre, sans entrer dans la terre promise. Quarante ans, c'est aussi le temps qu'il faut pour que le besoin spirituel se précise chez l'homme qui n'a pas encore rencontré Dieu.

Le temps de purification du Carême correspond à une terre gelée, qu'il faudra fendre pour les semailles. Pendant cette période d'introspection intérieure, nous sommes appelés à nommer nos manques, nos blocages, et à prier pour les dépasser. C'est le temps du jeûne, où l'on apprend à accepter la frustration, à respecter les restrictions que nous nous imposons momentanément, à différer nos désirs. Car si l'on ne s'exerce pas à résister aux petites tentations, comment réagirons-nous devant les grandes ? C'est aussi le temps de l'aumône, du partage avec les autres, de la compassion pour le prochain.

Après l'aveu de ce qui nous ligote, le Christ vient nous laver les pieds, en signe de tendresse, et nous invite au repas du Jeudi saint. J'ai eu la chance de vivre à plusieurs reprises le lavement des pieds ou celui des mains dans des paroisses d'Ile-de-France. Le prêtre s'agenouille devant quelques fidèles et répète les gestes du Christ, car nous avons part au Royaume. Lorsque nous vivons intérieurement ce moment, quand nous imaginons ce geste bouleversant du Christ à notre endroit, notre estime de soi en est profondément ressourcée, nos blessures intérieures sont partiellement pansées. Ainsi, oui moi, dans ma totale insuffisance, j'ai part à la nature divine. *« Si je ne te lave pas, tu n'auras pas de part avec moi »* dit le Christ à Pierre, Jean 13,8.

On retrouve un geste de la même essence dans les monastères, où pendant les services, moines et moniales s'inclinent profondément et à plusieurs reprises devant leur vis-à-vis, manifestant ainsi la reconnaissance de sa nature divine. L'autre est le temple visible du Dieu invisible.

Vient la crucifixion, à laquelle chacun participe : n'a-t-on pas souvent accusé à tort, car il est difficile de reconnaître sa faute, n'a-t-on pas un jour blessé ou mis à mort symboliquement son prochain ? Mais la souffrance et la mort sont bientôt vaincues par la gloire de Pâques. Nous renaissons avec le Christ, dans une nature qui reverdit, qui explose de vie. L'aveu de nos faiblesses fait place à la résurrection de notre espérance et de notre foi. Nous voilà reconstruits, prêts à repartir sur les routes, à la suite des Actes des apôtres. L'été sera consacré à l'épanouissement de notre foi, à manger les fruits de notre travail intérieur.

J'avoue que chaque année, je savoure autant la succession des temps liturgiques que celle des saisons. Tous les échelons du vivant me paraissent reliés dans une parfaite cohérence, à tous les niveaux physiques, psychologiques et spirituels. Ce grand cycle énergétique cosmique qui nous déborde, nous plonge dans le Vivant, celui qui meurt et qui ressuscite sans cesse.

Demander pardon

Mais retournons à la messe. Pour revivre, repartir d'un cœur léger tout au long de l'année, il faut mourir à tout ce qui s'est « mal passé », à nos erreurs, nos manques d'égard, à nos péchés. Il n'y a pas d'autre moyen que de demander pardon. Cette mécanique merveilleuse qu'est la messe nous le propose dès l'entrée. Je pense souvent aux dragons des temples chinois qui veillent à la porte, pour que le mal prenne peur et n'entre pas, ou aux gargouilles de nos cathédrales, qui ont la même mission. Ainsi, dépouillons-nous de ce qui n'est pas conforme à l'image que nous donne Jésus du Fils de l'Homme, de l'archétype de l'Homme tel qu'il a été voulu et créé par Dieu. L'examen de conscience préalable et la faculté de demander pardon sont la grande force du croyant. La messe nous en donne l'habitude, à tel point que se repentir devient naturel quand nous nous égarons. Quelle transformation lorsque nous l'appliquons dans notre vie quotidienne !

Après la confession des péchés vient le *Gloria*, longue louange à la Trinité, prononcée ou chantée au même moment, lors des messes dominicales, par des millions de chrétiens dans le monde. Cette louange qui monte ainsi de toute la terre, rassemble la communauté catholique en un instant splendide. Tout comme l'est la récitation du *Credo* et du *Notre Père*. Une fois par semaine, il est indispensable de se remémorer, de rendre présent et d'exprimer ce à quoi nous croyons, ce qui nous constitue comme chrétien.

Un autre moment de la messe me touche particulièrement, celui de la présentation des offrandes. Sous forme de pain et de vin, c'est le fruit de notre travail que nous apportons sur l'autel. C'est notre vie que nous présentons pour qu'elle participe au mouvement de sanctification qui anime toute la messe. La profondeur de ce passage est bouleversante : tout est rassemblé sur l'autel, notre vie présente, celles de nos prédécesseurs qui ont accomplis les mêmes gestes, en prononçant les mêmes prières, et celles des premiers peuples de la terre car l'esprit humain a toujours offert des présents à la divinité. C'est l'éternel hymne de l'humanité au Seigneur, et l'éternelle offrande de la vie. Que pouvons-nous en effet offrir d'autre, quel trésor plus précieux pouvons-nous apporter, si ce n'est nos vies ?

Avec Lui

Juste avant le *Notre Père*, la *Prière eucharistique* se termine par une courte invocation, devant l'hostie et le calice élevés par le prêtre. Les six premiers mots résument les trois échelons de la vie spirituelle nourrie par le Christ : *par Lui* – par son intermédiaire et la grâce qu'il nous dispense – *avec Lui* – lorsque nous marchons à ses côtés, le cœur tourné vers Lui, comme des disciples – et *en Lui*, stade ultime de l'union avec Dieu que connaissent les Saints. Trois longs *Amen* entonnés par l'assemblée accompagnent cette prière. Chacun, chanté sur des notes différentes, contribue à ouvrir les chakras supérieurs. Au même titre que les chants grégoriens – ou le chant en général – qui ont le pouvoir de modifier le corps par leurs vibrations sonores, mais ce serait une parenthèse trop longue à ouvrir.

La récitation collective du *Notre Père*, cette prière toute simple que nous a transmise Jésus, nous met à notre juste place dans la communauté des priants, ni supérieurs, ni inférieurs, mais à l'égal des autres. Le sentiment de paix intérieure qui suit toujours cette invocation ne se garde pas pour soi. La paix de Dieu s'échange avec le prochain, dans un geste de fraternité hautement symbolique.

Ainsi l'écoute de la Parole et de l'homélie, la prière collective, l'Eucharistie répétés chaque dimanche, accomplissent peu à peu leur œuvre de transformation. Après la messe, chaque chrétien retrouve le monde extérieur, le cœur irradiant la paix qu'il vient de ressentir et l'esprit mieux armé pour affronter les difficultés qui se présenteront immanquablement au cours de la semaine à venir.

La qualité des homélies contribue grandement à la beauté de la messe ainsi qu'à l'élévation de l'âme. Et il faut remercier les prêtres qui prennent à cœur l'enseignement spirituel de leurs fidèles. Ils sont nombreux à le faire, attentifs à dévoiler les multiples sens d'un passage biblique, à éclairer leur actualité et à partager leur interprétation personnelle. Lorsque ces prêtres quittent la paroisse pour aller évangéliser ailleurs, toute la communauté est endeuillée, consciente de l'extrême richesse de l'enseignement qu'elle a reçu, de surcroît gratuitement. Ces curés charismatiques et enthousiastes sont la preuve vivante de la présence de Dieu parmi nous. Leur conviction est si profondément enracinée en eux qu'il est impossible de ne pas croire ou, du moins, de rester insensible à leur message.

En prolongation de la messe, il est une autre grande rencontre féconde offerte au croyant : l'Adoration du Saint Sacrement, qui retrouve heureusement sa place dans nos paroisses. Après le temps du partage collectif vient celui de la conversation intime. Ce cœur à cœur personnel avec le Christ, face à l'hostie consacrée, est un temps de grâce que chacun vit à sa manière. La présence du sacré ouvre nos sens, tout dans notre corps s'incline devant le divin et fait silence. Notre conscience se met à l'écoute et s'unit à l'Esprit qui prie en nous.

Après avoir tourné son cœur vers Dieu et vers Jésus, après s'être ainsi converti au premier sens du terme, le chrétien a en quelque sorte l'embarras du choix pour progresser dans sa vie spirituelle. Tous les moyens qu'il expérimentera convergent vers la rencontre de *« Je suis »*.

MICHEL ***Regard croisé***

Ce que Dominique écrit des travaux d'Annick de Souzenelle, me rappelle un séminaire de Jodorowsky sur la prière du « Notre Père ». Pendant trois jours intenses, nous avons vécu chaque mot, chaque association de mots et l'ensemble de la prière. A la fin du premier jour, nous avions seulement revisité « Notre Père qui es aux Cieux » ! Evoquer ces sensations me donne encore des frissons, tant le sens de chaque mot de cette prière nourrit l'âme, dès l'instant qu'il est prononcé consciemment et rapporté à son propre quotidien, de manière à le vivre de l'intérieur et à se l'approprier. L'intérêt psychologique de cet exercice est évident, par exemple pour soigner la relation à son géniteur. Je partage également l'importance qu'accorde Dominique aux phénomènes inconscients ainsi qu'à la respiration sophronique et au temps cyclique. La visualisation créatrice est bien l'application profane de la prière de demande. Personnellement, je suis moins à l'aise avec la prière de louange ou avec l'adoration du Saint sacrement, qui ne correspondent pas à ma culture religieuse ou familiale.

Je reviens sur un aspect important cité par Dominique. Nous avons un corps et un esprit. Autant la nécessité de maintenir son corps en santé et d'assurer son bon fonctionnement est reconnue par la majorité des personnes, quelles que soient leurs croyances, autant l'équivalent concernant l'esprit est largement ignoré. Comme pour son corps, il s'agit de renforcer son esprit par l'entraînement et de lui offrir une nourriture adaptée et de bonne qualité. Puis de le mettre au service de sa Vie matérielle et spirituelle en domestiquant ses pensées : appliquer concrètement le *Carpe Diem*, nettoyer le négatif qui nous pollue, rechercher des images qui régénèrent, être vigilant sur les personnes que l'on fréquente, adopter une hygiène relationnelle s'appuyant sur un travail personnel avec un thérapeute…

Un second niveau d'actions concerne la prise en compte des phénomènes inconscients et notre capacité de résonance avec des champs d'information et des inconscients collectifs, le plus puissant étant souvent le champ familial. Selon notre degré de sensibilité, les pensées des autres peuvent aussi nous influencer. A ce stade, une pratique spirituelle régulière est donc importante pour notre santé spirituelle. Bien entendu, le spirituel ne se limite pas à une gymnastique de l'esprit dont on retirerait un bénéfice secondaire. La pratique spirituelle donne également une orientation et un sens à sa vie, ne serait-ce que par la rencontre, la reconnaissance et la confrontation avec les frères du même rite, qu'il soit catholique, maçonnique, voire bouddhique.

L'une des « valeurs ajoutées » ou « avantages concurrentiels[23] » du catholicisme concerne l'existence du pardon. Le pardon libère l'énergie et permet de sortir de la rancune ou de la loi du talion qui « rend le monde édenté et aveugle ! » Le mouvement part de Dieu qui nous pardonne : « Pardonne-nous nos péchés comme nous pardonnons à ceux qui nous ont offensé ». Dieu nous aime comme un Père et nous pardonne comme un bon père pardonne à ses enfants, quels que soient leurs actes. Le mouvement se continue par le pardon à soi-même, acte souvent le plus difficile à réaliser, que nous pouvons associer au pardon que nous accordons aux autres : « Je me pardonne pour tout le mal que j'ai fait et je pardonne aux autres pour tout le mal qu'ils m'ont fait ». Une habitude positive afin de se libérer et de disposer d'une meilleure qualité d'énergie pour diriger sa vie, consiste à commencer sa journée en se pardonnant ses erreurs et à débuter une rencontre avec une personne qui nous est hostile par « Je te pardonne », prononcé évidemment à l'intérieur de soi.

[23] Je reprends volontairement un vocabulaire professionnel.

DOMINIQUE ***Regard croisé***

Il m'est difficile de prendre parti, de réagir sur une méthode que je ne pratique pas et dont je n'ai pas éprouvé la valeur. A la lecture cependant, une évidence me frappe : les francs-maçons du Rite Ecossais se réfèrent constamment au vocabulaire chrétien, ils semblent se construire par rapport à la religion chrétienne, tout en rejetant ses dogmes. Le catholicisme n'est donc pas vain puisqu'il sert constamment de référence ! Dans les degrés supérieurs, les frères – même cette appellation est conservée – méditent sur la croix, la vie du Christ, cet initié parfait, archétype de l'homme. Ce n'est donc pas le Fils de Dieu que reconnaissent les chrétiens. Notre Dieu qui communique, qui inspire l'homme est donc gommé, remplacé par un Grand Architecte de l'Univers, un principe abstrait dont on cherche à pénétrer les Lois.

Par la raison, la réflexion personnelle et collective, l'apprenti puis le maître avancent dans la compréhension du monde et de leur vie intérieure. Le franc-maçon est donc un chercheur qui s'appuie sur l'homme, sur ses propres ressources, sa propre conscience qu'il élève à force de travail et d'efforts. Le catholique est un chercheur qui prie et s'appuie sur Dieu, sa religion est celle de la Révélation. La foi, accordée par Dieu au même titre que la grâce, ouvre les sens aux mystères et fait comprendre par le coeur. Cette lumière intérieure nourrie par l'Esprit saint éclaire progressivement les ténèbres de nos consciences. Le catholique progresse par la lecture méditée de l'Ancien Testament inspiré par Dieu, de l'enseignement de Jésus transcrit dans les Evangiles et de la vie des Saints, en demandant le secours de l'Esprit saint.

De ce fait, la posture qu'adopte le chrétien est celle de l'humilité envers son Créateur. Un état d'esprit assez différent de celui qui règne dans les loges que j'ai eu l'occasion de fréquenter, lors des tenues ouvertes aux familles. Il m'est apparu que le fait de participer à une société secrète et d'y tenir des travaux de réflexion, conférait à l'adhérent une sorte de supériorité induite. Cette appartenance doit certainement élever une estime de soi vacillante. A part quelques rares exceptions, dont Michel fait partie, les initiés que j'ai rencontrés m'ont fait sentir que je n'en étais pas une ! Peut-être percevaient-ils que je ne prenais pas au sérieux leurs titres, leurs décorations et la pompe de leur cérémonial. Tout ce verbiage m'est en effet assez contraire et trop éloigné des enseignements des Evangiles. Pour Jésus, les premiers seront les derniers et les pauvres d'esprit – c'est-à-dire ceux qui ne se croient pas supérieurs aux autres – deviendront heureux car réceptifs à la Parole.

Enfin, si je comprends que la croix en tant que symbole soit l'objet de doctes planches, la célébration régulière dans les ateliers supérieurs de la Cène ou celle du Jeudi saint, m'indigne. Pour une catholique, cette provocation - que cherchaient vraisemblablement les fondateurs désireux d'instaurer la religion de l'homme des Lumières - est blasphématoire. Il ne reste qu'à pardonner cette parodie où des initiés se substituent au Christ. Mais si Dieu a laissé l'homme libre, comment ne pas respecter cette liberté chez notre prochain, même s'il nous semble errer...

4

Notre rencontre et notre couple

Ne distingue pas Dieu du bonheur
et place tout ton bonheur dans l'instant.
André Gide

DOMINIQUE

Me voici désormais « *born again* » – comme disent les Evangélistes américains qui se réfèrent si justement à l'entretien de Jésus avec Nicodème – catholique et seule à élever mon enfant. Si mon initiation spirituelle a occupé aussi bien mon esprit que mon quotidien, surgit maintenant le dilemme « Que vais-je faire de ma vie ? » Les événements que j'ai traversés, n'impliquent-ils pas que j'entre comme laïque consacrée dans une communauté religieuse ? Charismatique par exemple, puisque l'Abbé C. fait partie de cette nouvelle mouvance. Ou faut-il envisager une entrée dans les ordres ? Je n'ose à vrai dire m'attarder sur cette solution qui signifierait l'abandon de mon enfant, un sacrifice impensable pour moi. La question posée à l'abbé me vaut une réponse directe « Je ne te vois pas dans les ordres ! » Et j'ajoute pour ma part, après y avoir bien réfléchi, pas dans une communauté charismatique non plus.

Se dessine devant moi un avenir de mère célibataire, qui compte tenu de mon caractère, me paraît à la fois ardu et peu épanouissant. Le tête-à-tête quotidien avec mon enfant ne me satisfait pas complètement. L'amour partagé entre deux adultes continue à faire partie de ma conception du bonheur, même si celle-ci a fortement évolué. Elle me porte aujourd'hui à inverser les priorités, c'est-à-dire à mettre d'abord ma confiance en Dieu plutôt que dans un homme, ainsi que je l'ai expérimenté à mes dépends et comme le recommandent judicieusement les Ecritures.

Si la sensation de mort intérieure s'est estompée graduellement, celle d'une transformation psychique s'affermit. Et peu à peu, j'entrevois la possibilité de revivre avec un compagnon. Aux yeux de la religion, rien ne m'en empêche puisque ma première union n'a été que civile et que mon divorce vient d'être prononcé. Même si je me sens différente, même si l'épreuve m'a donné un meilleur discernement, ce désir de me lier à nouveau s'accompagne d'une angoisse persistante : comment éviter la répétition ?

Lors de la psychothérapie de soutien évoquée précédemment, j'ai passé au crible ma relation de couple et mon propre fonctionnement. Je connais les pièges dans lesquels je tombe trop vite et les dysfonctionnements qui en résultent. Je sais aussi ce que j'attends d'un nouveau partenaire, qui comme je l'ai formulé en séance, ne se trouve malheureusement pas « sur un tableau ». Le mot plateau aurait été évidemment plus approprié ! Ce lapsus qui a fait sourire le psy, m'a bien ouvert les yeux : l'amour mis à part, on ne choisit pas son partenaire en fonction de l'image que l'on projette sur lui, mais selon ses qualités et ses défauts. Et il est réaliste de se poser la question : à terme, saurais-je supporter ses faiblesses ? Il n'est pas toujours possible de vivre avec la personne que l'on aime, ai-je appris. D'autant plus que nos sentiments sont téléguidés par l'amour que nous avons ressenti dans l'enfance pour nos deux parents. Comme une empreinte indélébile sur une plaque encore vierge, ce premier attachement nous conduit à préférer un type de personnalité analogue. Et avec son talent inégalé, notre inconscient détecte la personne pour qui notre cœur va battre instantanément. Afin d'éviter de tomber dans le piège de la répétition, un dramaturge allemand avait décidé, à l'automne de sa vie, de s'enfermer dans sa demeure et d'éviter tout contact avec ses semblables. Au moins était-il certain d'échapper aux relations nocives. Cet exemple, pour le moins instructif, me paraît un terrible aveu d'impuissance personnelle.

Visualiser l'avenir

Je passe ainsi plusieurs mois à méditer sur un avenir certes prometteur, mais surtout rempli d'écueils. Dans ma prière, je m'en remets régulièrement à la volonté divine. Ce qui ne m'empêche pas de lire des ouvrages de psychologie, et notamment l'essai de Shakti Gawain sur la visualisation créatrice. Tous ceux que le sujet intéresse y trouveront des explications convaincantes et des exercices faciles à suivre.
Suivant sa méthode, je me lance ainsi dans la rédaction des trois fondamentaux non négociables, que je souhaite trouver chez mon prochain compagnon. J'ai un peu de scrupule à les reproduire ici, mais ils font partie de l'histoire...
Première condition : la personne sera croyante et parlera volontiers de Dieu. La seconde : cet homme aura fait une psychanalyse. Et la troisième plus en rapport avec Eros : il portera des boxers shorts plutôt que les innommables slips relâchés de nos parents et grands-parents...

Je place donc la barre assez haut, surtout en ce qui concerne la psychanalyse. Cette démarche, qui attire davantage les femmes, me paraît être un prérequis incontournable à mon nouvel engagement. Pour ne pas reproduire le passé, il vaut mieux être conscient de ce qui nous gouverne intérieurement, capable d'échanger librement à ce sujet, et désireux de changer de comportement pour mettre en cohérence nos actes et nos désirs profonds.

Ainsi que le recommande Shakti Gawain, je brûle le feuillet où j'ai écrit ces souhaits et regarde, sur le balcon, la fumée rejoindre l'éther... Puisse-t-elle atteindre son but ! Je me promets aussi solennellement de respecter ces vœux quoiqu'il arrive.

Les jours passent... J'ai repris une occupation professionnelle qui me laisse heureusement du temps libre pour m'occuper de l'enfant. Je renoue avec de vieilles amitiés laissées en friche, m'engage dans la communauté de Saint-Etienne comme secrétaire du conseil paroissial et garde espoir, reprenant dans un rire intérieur l'interrogation inquiète de la femme de Barbe-Bleue : « Anne, ma sœur Anne, ne vois-tu rien venir ? »

La rencontre

J'en viens presque à renoncer à trouver l'Âme sœur lorsque mon patron me parle d'un groupement d'intérêt économique qu'il envisage de créer avec des communicants français, auquel il aimerait m'associer. En me situant les personnes que nous allons rencontrer, il mentionne un certain Michel Giffard, branché sur l'intuition, qui devrait m'intéresser. Enfin, se pourrait-il que je trouve chaussure à mon pied ? Les sens en alerte, je participe à la première réunion où Michel arrive fort en retard. J'ai à peine le temps de l'observer et il me semble qu'il ne m'a pas remarquée... Lors de la seconde journée que nous passons avec le GIE, j'admire la façon dont Michel anime la réunion. Il a proposé lui-même de diriger nos débats. Avec une facilité déconcertante pour une Suisse, il sait mettre en valeur les personnalités présentes et fait circuler un courant chaleureux qui dissout les différents, délie les esprits et décuple les bonnes intentions.

A le voir arbitrer les discussions, il est évident qu'il possède un don, une grâce qui lui permet d'éclairer le meilleur de chacun. Lors d'un déjeuner, assise en face de lui, je lui trouve du charme. Mais une petite voix me dit qu'il faut patienter encore. Notre vraie rencontre aura lieu six mois plus tard à Montreux, sur les quais du bord du lac. J'apprendrai alors, en n'en croyant pas mes oreilles, qu'il est croyant, qu'il a suivi une psychanalyse pendant plusieurs années et qu'il est en train de divorcer. La troisième condition – qu'il remplit par ailleurs – se découvrira en temps voulu.

Comment décrire mon état intérieur lorsque je constate que mes vœux sont exaucés ? Assurément, aucun triomphalisme, plutôt une sorte d'incrédulité à voir les conditions ainsi réunies, une méfiance devant ce prodige ahurissant, et la ferme intention de vérifier que les signes ne cachent pas un piège. Mais notre attirance réciproque s'affermit et notre relation s'établit dans le temps. Nous correspondons beaucoup par fax, nos téléphones sont interminables et nous instaurons des allers et retours réguliers entre la France et la Suisse.

Si j'avais été plus jeune, Michel n'aurait probablement pas fait partie de ma cible, pardon pour l'expression ! Mais depuis peu, j'ai appris à aimer l'inconnu, l'imprévisible, je sais que je dois sortir de mes schémas antérieurs pour bâtir sur du neuf. Michel représente un territoire étranger que j'approche prudemment, en me gardant bien de reproduire mes erreurs passées. Très vite, nous nous découvrons les mêmes goûts et la même perception des choses, tout en étant d'un fonctionnement opposé. Cette divergence d'attitude qui aboutit à une compréhension identique de la réalité, nous amuse profondément. Nous découvrons aussi des similitudes étonnantes dans la composition de nos familles et une blessure narcissique assez semblable dans l'enfance. Cette rencontre m'apparaît de plus en plus guidée par la Providence et j'apprends à aimer celui qui est différent. J'ai conscience que ce saut hors de ma programmation initiale n'est possible que parce que j'ai changé intérieurement, que la répétition me saute désormais aux yeux.

Tout en vivant cet amour nouveau, je reste cependant sur mes gardes. Et pour dissiper mes derniers doutes, je soumets Michel à plusieurs épreuves, en particulier la rencontre avec l'Abbé C. dont l'avis m'importe énormément. En ce jour de Noël, je fais fort en invitant à déjeuner l'Abbé, Sœur Hélène, cheville ouvrière de la paroisse, sa maman paralysée en chaise roulante, et ma voisine de palier esseulée pendant les Fêtes. Michel, qui a sans doute percé à jour mon intention, se prend au jeu, prête main forte pour monter la chaise roulante au troisième étage, devise joyeusement avec Sœur Hélène et l'Abbé, comme s'ils étaient de vieilles connaissances. Le test est réussi haut la main !

Va vers toi

De plus en plus, résonne en moi l'injonction de Dieu à Abraham : *« Quitte ton pays, ta parenté et la maison de ton père, pour le pays que je t'indiquerai »,* Genèse, 12,1. Ce qu'Annick de Souzenelle traduit par le très beau « Va vers toi». Aller vers son destin, dans une terre inconnue jusque-là, celle que la Providence vous attribue, la Terre promise... Cela correspond parfaitement à ce que j'ai la sensation de vivre et à ce que je souhaite connaître. Vivre en France entre ainsi dans mes pensées. Cela ne bouleverserait en rien mes aspirations puisque ma famille a toujours été francophile, que j'ai été élevée dans l'admiration de la culture française et qu'une partie de mes ancêtres, des protestants français, se sont réfugiés dans le Jura suisse à la révocation de l'édit de Nantes. Je rejoindrai ainsi la terre de mes aïeux. Cette idée me parle au cœur plus que tout autre chose. Et la France, n'est-elle pas la fille aînée de l'Eglise ?

Le projet d'émigrer prend ainsi peu à peu consistance, en particulier lorsque je regarde le paysage depuis le balcon de mon appartement. Ces si belles montagnes suisses aux cimes enneigées, dans ce bleu de ciel sublime, m'apparaissent désormais d'une immobilité exaspérante. Aussi immuables et inaltérables que la mentalité suisse...

Le GIE prend forme et nous nous retrouvons régulièrement dans la région Rhône-Alpes, d'un côté ou de l'autre de la frontière. Lors d'un week-end, nous cherchons un nom qui puisse exprimer à la fois la diversité et la quintessence du groupe constitué. Nous passons un temps considérable à évaluer les propositions de chacun et enfin une majorité se dessine pour *Cassiopée*, cette belle constellation qui écrit un W dans nos nuits.

De retour chez moi, curieuse d'en connaître la signification symbolique, je consulte plusieurs ouvrages. Et voici en résumé ce que je découvre : Cassiopée, reine d'Ethiopie, défie les Néréides lors d'un concours de beauté. Pour la punir de l'affront infligé à ses filles, Poséidon fait ravager les terres de la reine par un monstre marin. Le sortilège cessera si Cassiopée livre à la fureur de la bête sa fille Andromède. Enchaînée sur une île, celle-ci sera délivrée par Persée. Pour y parvenir, le héros grec devra surmonter la peur que lui inspirent les forces maternelles et démoniaques de l'inconscient. Pour Jung, ce sauvetage symbolise l'anima, libérée de l'aspect dévorant que comporte l'image de la mère. Une fois cette libération accomplie, l'homme devient capable d'établir de véritables rapports avec les femmes et avec la société dans son ensemble. La lutte entre le héros et le dragon est l'expression symbolique de ce processus de maturation.

L'inconscient de notre groupe avait ainsi choisi de se relier à ce mythe dont la trame, me semblait-il, montrait une parenté avec notre histoire. Cassiopée apportait en quelque sorte une confirmation surprenante du sens caché de notre rencontre. Selon Jung, l'activation d'un archétype s'accompagne de manifestations aussi bien spirituelles que matérielles, selon la loi de la synchronicité. Ainsi s'expliquaient peut-être le mouvement dans lequel nous nous sentions pris et cette attirance réciproque qui dépassait le champ de nos personnes.

Patron ou mari ?

Au bout d'un an, nos frais de téléphone et de déplacements atteignent la cote d'alerte et nous envisageons de vivre ensemble. Michel s'inquiète du déracinement qu'il m'impose. Je le rassure en lui parlant de mon attrait pour la France et d'un départ qui s'apparenterait plutôt à un retour aux sources familiales. L'enfant choisit de me suivre, fort heureusement. Mais pour moi, cette future installation n'est envisageable que dans le cadre d'un mariage. Je risque beaucoup, il est donc normal que je dispose d'un minimum de sécurité. Michel, dont le divorce vient tout juste d'être prononcé, trouve avec raison le saut prématuré. Il débarque un week-end muni d'une lettre d'engagement qui m'est destinée, sur papier de sa société. Voilà qui résoudrait le problème ! Dans le salon, il me la lit et nous sentons l'un comme l'autre, qu'une lettre d'embauche pour démarrer notre vie commune n'a rien d'exaltant. Mon compagnon serait aussi mon patron ? Et l'amour, où se loge-t-il ? En voyant Michel si peu fier de sa lettre, je joue mon va-tout. En une trentaine de minutes, j'obtiens son acquiescement : nous nous épouserons à la fin de l'été. Je n'étais pas seule à le convaincre, j'avais à mes côtés une aide invisible qui me soufflait les arguments et me poussait à persévérer. Jamais je ne me suis sentie aussi accompagnée sur le plan spirituel que ce dimanche-là...

Comme après toute promesse, vient le temps des dernières interrogations. Elles étaient depuis longtemps présentes en arrière-plan, mais je les avais volontairement laissées dans l'ombre, ne voulant pas gâcher mon plaisir. Michel m'a confié qu'il est franc-maçon et de ce fait condamné par l'Eglise. Je tombe des nues en apprenant la sentence prononcée par la papauté. Qu'elle ait été, à la rigueur, compréhensible à l'époque de la révolution française et des premières loges désireuses de supplanter l'Eglise, je pouvais le saisir, mais aujourd'hui ? J'ai rencontré suffisamment de francs-maçons pour savoir qu'une enfance passée dans un internat catholique, dispensant une éducation rigoriste axée sur le péché et la pénitence, débouche parfois sur un rejet sans appel de la religion. Pour ces adultes devenus réfractaires à la doctrine catholique et en quête d'un cheminement humaniste, la franc-maçonnerie présente de manière presque évidente une communauté spirituelle de substitution. Le retour du bâton, en quelque sorte. Mais comment accepter que l'excommunication d'un groupe perdure dans le temps, sans tenir compte des individus qui le composent et de l'évolution des mentalités ? Le procédé me paraît davantage s'apparenter au Moyen Âge qu'à notre époque. Et de toute évidence, cette exclusion ne relève pas de l'esprit des Evangiles. Je décide ainsi de prendre quelque distance avec ce blâme de l'Eglise. Après tout, comme le dit l'Abbé C., chaque catholique conserve en dernière extrémité sa liberté de conscience.

Au delà de la condamnation

La deuxième interrogation tient à la pratique du tarot que l'Eglise condamne avec la même force. Cette fois-ci, je me situe davantage du côté des juges. Si l'on croit que toute parole est créatrice, prédire l'avenir revient à parler à la place de la personne. Et de surcroît à la place de Dieu qui, d'après l'Eglise, décide de l'avenir. La voyance me paraît effectivement une pratique dangereuse, favorisant une forme d'addiction chez des personnes dépendantes, en quête de soutien. C'est aussi un terrain où les victimes sont souvent spoliées par ceux qui prennent le pouvoir sur elles. Les explications de Michel, qui insiste sur l'éclairage d'un état présent à travers les cartes, ne me convainquent guère et je campe sur mes positions. Je vais jusqu'à lui demander de ne pas organiser de séminaire de tarot sous le futur toit conjugal. Ce qu'il respectera, à une exception près, la session ayant été fixée bien avant notre discussion. Et j'ai tenu bon : jusqu'à aujourd'hui, je n'ai jamais participé aux formations qu'il organise périodiquement. Clin d'œil du destin : le jour où, en compagnie de quelques amis, Michel avec une intention un brin provocatrice fait tirer à chacun une carte de tarot, je tombe sur une lame blanche de protection qu'il avait oubliée de retirer du jeu ! C'est Jean XXIII qui finalement apaisera mes craintes avec cette belle parole inscrite au fronton de la salle d'accueil du Centre Notre-Dame-de-Lumière à Annecy : « Ne rejetons pas ceux qui cherchent Dieu dans les images et les ombres ».

Enfin, se pose le problème de la fidélité. Je choisis d'exprimer mon point de vue dans une longue missive. Michel me répond, avec pertinence, que la fidélité en tant qu'absolu est difficile à atteindre et qu'elle dépend aussi de l'attitude du partenaire ! Il est vrai que j'ai toujours été partisane d'une responsabilité partagée pour moitié entre les deux membres d'un couple, qu'il soit en harmonie ou en situation d'échec.

Notre mariage civil a lieu sur terre française un 28 août, fête de Saint Augustin, évêque africain, lui-même marié et converti. Nous avons renoncé à une célébration religieuse pour ne pas mettre en difficulté le prêtre à qui nous aurions demandé cette bénédiction. Avant de quitter la Suisse j'ai cependant demandé à l'Abbé C. de bénir nos alliances. Lors de mon premier mariage civil, j'avais dans mon fort intérieur pris époux devant Dieu. Cette union n'a pas tenu et la Providence me donnait une seconde chance, comme le font les chrétiens orthodoxes. En fins psychologues, ils admettent un échec dû à l'ignorance et à la jeunesse des deux époux, et en autorisent un second qui, compte tenu de l'expérience acquise, devrait tenir la route.

Le lendemain de la cérémonie civile, nous assistons à la messe dominicale à Notre-Dame de Paris, nous présentant tous deux devant Jésus et Marie, en leur demandant de bénir notre union et de nous apporter secours dans le cheminement commun que nous commençons.

Notre rencontre et notre couple

MICHEL

Adolescent, je rêvais d'une Âme sœur et jalousais ces couples qui marchaient main dans la main ou passaient des heures à discuter. Mon idéal féminin avait la peau blanche et les cheveux blonds, sans doute par référence à ma mère. Mon actrice préférée, Grâce Kelly, m'a fait découvrir l'existence de l'inconscient dans les films d'Alfred Hitchcock. J'ai vécu mon premier chagrin d'amour avec le suicide de Marylin Monroe. Et puis, j'ai épousé une petite brune. Au début, les choses se sont plutôt bien passées, je débutais ma vie professionnelle, nous avons vécu sept ans en Afrique noire, notre fils Romain est né et nous l'avons accueilli et entouré le mieux possible. Des incompatibilités sont apparues avec mon épouse entraînant beaucoup de souffrances, devant notre incapacité à les résoudre. Je m'étais construit un interdit autour du divorce, simplement non envisageable. Je savais inconsciemment que je n'étais pas encore prêt à vivre autre chose car je devais continuer à me construire intérieurement. Et surtout, je voulais rester avec mon fils pour continuer son éducation jusqu'à son adolescence. Un licenciement brutal, une période de chômage, la création d'une nouvelle activité professionnelle me faisant découvrir d'autres horizons, la prise de conscience que notre vie commune ne pouvait continuer… J'engage donc la procédure de divorce, créant à la fois de la souffrance par le deuil de vingt-deux années de vie commune, et l'ouverture d'une fenêtre d'air pur et d'espérance en une vie pleine et meilleure.

Dominique et moi nous sommes rencontrés, adultes et libres, un peu sonnés par nos vies de couple respectives. Dominique était prête. J'avais besoin de temps pour respirer. L'idée de m'engager à nouveau avec une entreprise ou avec une femme m'était difficile. J'ai créé ma société pour ne plus avoir de patron et subir des règles absurdes que je n'acceptais plus.

Dominique à Lausanne, moi en Ile-de-France, cette situation – quoique difficile à vivre et coûteuse en transport et téléphone – me convenait dans un premier temps. La rencontre entre deux êtres part de leurs corps. L'énergie sexuelle et spirituelle est la même, celle de la Kundalini qui s'élève du sacrum le long de la colonne vertébrale. D'ailleurs, la prière et la méditation des moines et moniales, ou la pratique du Hatha Yoga, peuvent aussi créer des orgasmes, véritables coups de foudre énergétiques. Pour les alchimistes, « L'Esprit est dans le ventre » car il n'y a pas de dichotomie entre les pulsions vitales et le sacré. Nous nous sommes donc trouvés, et notre entente sexuelle nous permet de nous « retrouver » plus facilement après une dispute qui survient encore parfois telle un orage dans un ciel d'été. Nous avions chacun souffert d'un conjoint qui refusait tout travail thérapeutique personnel et toute remise en cause, rejetant assez systématiquement la « faute » sur l'autre. Je me souviens que, très vite, nous avons vérifié chez chacun l'existence et la sincérité d'une recherche thérapeutique. Deux réponses positives et argumentées nous ont encouragé à poursuivre notre découverte amoureuse, souhaitant bien cette fois nous assurer un maximum de chances de réussite.

L'audace du mariage

Nos croyances, notre approche de Dieu et de la vie, à partir notamment du sens de nos engagements spirituels catholiques ou maçonniques étaient compatibles et pouvaient s'enrichir mutuellement. Nous étions bien ensemble, avec beaucoup de partage, de dialogue et de confrontation affectueuse. Malgré mon appréhension devant la rapidité de cette décision, nous nous sommes mariés, Dominique et son enfant ont quitté la Suisse pour s'installer avec moi dans une maison que j'ai achetée sans argent personnel – je venais juste de divorcer. Avec une société toute récente au chiffre d'affaires instable, j'avais peu de garanties à offrir au banquier. Douze dossiers de prêt refusés. Au treizième, Dominique m'a accompagné au rendez-vous. Je me souviens encore de l'intensité de l'échange avec le responsable de l'agence bancaire. Il nous a jaugé, surtout Dominique, puis a regardé notre couple et m'a accordé le prêt. Au-delà de l'aspect financier vital pour commencer notre vie commune dans une maison agréable que nous avions choisie ensemble, j'ai vécu ce moment comme un test de validité de notre couple. Original mais efficace, car mon activité professionnelle facilitée par une vie de couple régénérante, m'a permis de rembourser le prêt sans incident et nous vivons ensemble depuis vingt ans, avec l'intention de poursuivre pendant le temps qu'il nous reste à vivre. Si une personne extérieure pouvait miser sur nous, alors pourquoi pas nous aussi !

Au début de notre mariage, malgré notre amour et notre engagement confortés par une intuition forte confirmant que notre décision était la bonne, des doutes surgissaient parfois devant les difficultés du quotidien et les réglages relationnels à opérer. Aucun de nous ne souhaitait revivre ce qu'il avait vécu dans son couple précédent, ce qui nous rendait exigeants, voire intransigeants. Malgré notre travail thérapeutique, en cas de stress chacun ne pouvait reproduire que son ancien comportement. Nos séances de « recadrage » furent nombreuses, trop certainement, mais c'était sans doute le prix à payer pour vaincre nos peurs. Ce que je retiens surtout de ces moments difficiles, c'est la valeur de la parole, du partage, de la confiance et de l'échange. Dire les choses est préférable à les taire. Quand il m'arrivait de regretter certains mots prononcés, Dominique me disait : « Au moins, je sais ce que tu penses vraiment ! »

Et puis l'amour est le plus fort pour indiquer le chemin du pardon et de la réconciliation. La route du Ciel n'est pas que parsemée de roses. L'eau du baptême de la vie n'est pas tiède mais froide ou chaude. Nous ne sommes que des êtres humains donc imparfaits. Nous sommes aussi des cherchants sincères, conscients qu'un partage fréquent de nos vies spirituelles, de ce qui se passe à l'intérieur de nous, facilite l'harmonisation des corps, des cœurs et des esprits. Cet alignement en chacun de nous et dans notre couple le consolide ainsi et lui donne encore davantage de sens.

L'Âme soeur

Je la cherchais, je l'ai trouvée. Nous avons chacun une formation universitaire qui facilite la remise en cause, des métiers de conception intellectuelle, des opinions politiques centrées sur le respect et le développement des humains, une conception écologique de la vie sur Terre, les mêmes critères de choix de nos amis, qui enrichissent nos moments partagés et nos pensées, quand ponctuellement nous sommes séparés. Nous sommes d'accord sur l'essentiel et nos différences – que nous cultivons – se situent à la marge. Pour l'anecdote, au restaurant je dois souvent me contraindre pour ne pas choisir les mêmes plats que Dominique !

Pour moi, ce livre est une étape importante de notre amour, comme une concrétisation, une mise au monde d'un objet extérieur. J'ai déjà dit ma difficulté à me mettre à cette écriture, craignant je ne sais quel risque, notamment personnel. Une femme est plus apte à visiter son intérieur, surtout Dominique, et son enthousiasme m'entraîne. Notre relation spirituelle recouvre aussi le sens de l'humour, de la légèreté – ne pas se prendre au sérieux –, du sourire et du rire. S'amuser ensemble, plaisanter, voire se moquer habilement de l'autre sont indispensables pour entretenir le plaisir de se retrouver et de partager. Le rire de Sœur Emmanuelle et le sourire du Dalaï-Lama confirment bien l'importance de cette dimension du mot spirituel. Le sourire dissout les barrières entre les êtres. Il est souvent le prélude à la tendresse. « Tu es mon cadeau le plus précieux » ou « Tu es ma Princesse Gazelle » sont des mots de tendresse qui viennent du cœur profond et touchent l'âme.

La vie spirituelle n'est pas nécessaire pour partager des moments de gaîté. Nous avons des amis plutôt centrés sur le matériel qui sont profondément joyeux. Mais le spirituel facilite l'émergence de la joie, de la joie de vivre ensemble comme l'affirme bien Marcel Proust : « Les conversations sérieuses sont faites par des gens qui n'ont pas de vie spirituelle, car le spirituel implique l'humour et le rire ». Avec Dominique, j'aime bien découvrir la beauté de la Planète et partir en voyage dès que nous le pouvons. Plonger en plein océan au milieu des otaries sauvages ou des bancs de dauphins, observer depuis le bateau la puissance et la douceur des cachalots et des baleines émerveillent notre âme. Par ailleurs, même si mon esprit et mon cœur symbolique ont encore trente-cinq ans, mon corps confirme chaque jour la loi d'entropie. Je ne peux plus grandir que de l'intérieur et Dominique m'y incite fortement, par sa présence, son regard, son amour et son exigence. Les quelques décennies suivantes se présentent donc sous les meilleurs auspices.

Aimer ?

Cela peut paraître surprenant, mais pendant longtemps je me suis demandé ce que signifiait « Aimer ». Ce mot me paraissait inaccessible. En travaillant cette « infirmité » avec Jodorowsky, celui-ci me répond : « Michel, si tu ne sais pas aimer, fais semblant ! » Après un premier mouvement de rejet, j'ai intégré ce qu'il voulait me dire : en pratiquant des actes, des mots, des comportements et une attitude d'amour, j'ai réussi à ressentir de l'intérieur la puissance de l'Amour, et à mieux le différencier du désir ou du plaisir. Et ainsi mieux aimer. Ce qui m'a aussi permis d'intérioriser que l'Amour est une loi divine. C'est un pont entre celui qui aime et celui qui est aimé. La spiritualité n'existe pas sans l'amour : chercher ce qui nous relie aux autres est plus utile que de s'arrêter à ce qui nous en sépare.

L'amour est l'action tournée vers son prochain, le passage de l'ancienne à la nouvelle loi, la loi d'Amour. C'est l'amour de l'agapè[24], celui de Saint Augustin, celui qui n'est pas humain mais que l'initié cherche à expérimenter et à partager. C'est un passage sans cesse recommencé, un état instable dont la finalité

---

[24] ***Cupido et Eros*** : amour physique, cerveau reptilien, désir ardent de retrouver l'unité dans l'union avec une personne identifiée.
Amor et Philia : amour sentimental, cerveau limbique relationnel, relation affective pleine de réciprocité et d'estime mutuelle.
Caritas et Agapè : amour spirituel, cerveau cortical, dépassement de soi dans l'amour inconditionnel du Soi chez l'autre considéré d'abord comme un représentant de l'humanité. Cette force d'amour se consacre à autrui sans recherche de réciprocité et sans restriction.

est d'unir l'homme à ce qui le dépasse, à ce qu'il ne contrôle pas et dont il procède : l'Amour de Dieu. La vie est un désir d'altérité et un éternel présent : elle est sacrée. Choisir l'amour face à la peur, l'espérance face au désespoir, la vie face à la mort et entrer dans une Pâque personnelle, est une posture personnelle concrète de recherche spirituelle.

L'amour est aussi le dépassement de soi dans le respect de la liberté de l'autre. Je ne peux donner que ce que j'ai en moi, je ne peux transmettre que ce que je suis. Aimer implique d'être vivant, ici et maintenant, incarné pour se transformer soi-même et participer à la transformation du monde. Mais cet espace peut rester vide si nous ne travaillons pas en permanence à le remplir de notre vécu libre et vrai, à concilier la rigueur de notre travail avec l'ouverture inconditionnelle de nos cœurs différents dans leurs sensibilités, leurs parcours de vie et leurs espérances. Notre couple n'est pas fusionnel car la fusion du deux en un est œuvre divine. Chacun de nous existe indépendamment de l'autre et nous sommes vigilants sur le respect de notre vie privée. Les communications de chacun, courrier, téléphone ou courriels, lui sont personnelles. Une certaine compétition narcissique nous stimule et facilite nos recherches spirituelles communes.

« Je t'aime » commence par s'appliquer à soi pour aller jusqu'à Dieu en passant par Dominique, les humains, les animaux et l'ensemble de la création. Le commandement « Aimer son prochain comme soi-même » implique au préalable de s'aimer. L'amour de soi est sans doute l'épreuve la plus difficile à réaliser pour un être humain. Peu de gens s'aiment vraiment. Si je ne m'aime pas, je vais aimer l'autre comme je m'aime, c'est-à-dire peu ou mal. S'aimer vraiment soi-même est donc une conquête, l'expérimentation de sa valeur unique et irremplaçable dans l'univers. L'Amour facilite ainsi notre transmutation spirituelle en reliant symboliquement notre vie matérielle et spirituelle à celle de l'humanité.

La confiance que Michel place dans les décennies suivantes « qui se présentent sous les meilleurs auspices » me fait sourire. Je vais m'accrocher à son enthousiasme car je suis loin d'être aussi optimiste que lui. La pente descendante du physique, même si elle s'accompagne, comme je l'espère, d'une montée du spirituel, ne m'attire qu'à moitié...

Lorsque Michel voit dans notre mariage la seule « solution raisonnable », j'ai envie d'ajouter pour ce qui me concerne, la seule solution envisageable. Sauf à renoncer à ce projet, c'est-à-dire à me renier moi-même, je n'avais pas d'alternative à ce moment-là. La liberté, c'est de n'avoir plus le choix, entend-on parfois. J'étais en effet libre de dire oui à mon désir profond. Libre, parce que non ambivalente, délivrée des peurs que pouvait dresser mon inconscient, libre de suivre le chemin de l'Etre. Je ne pouvais penser ni agir différemment à ce moment précis. De même qu'aujourd'hui, je ne peux faire autrement qu'écrire ce livre. Je ne sais quel calendrier intérieur, quelle urgence me pousse à transcrire maintenant ce qui constitue la trame de nos vies.

J'ai un peu oublié les affrontements que nous avons vécus lors de la construction de notre couple. Des disputes que nous n'avions jamais connues lors des « fiançailles », et qui de ce fait, nous déroutaient. A deux reprises, lorsque l'exaspération était à son comble et ne nous lâchait plus, nous avons accompli une démarche spirituelle commune. La première fois, à la rue du Bac à Paris, lieu d'apparition de Marie à Sainte Catherine Labouré en 1830. Après avoir assisté à la messe, nous avons prié Marie, chacun à notre tour, devant la châsse de la Sainte, appelant à l'aide pour retrouver la paix dans notre couple.

La seconde fois, ce fut un pèlerinage à Pontmain, petit village breton où Marie est apparue en 1871. Sur la place publique, nous avons goûté une atmosphère d'une douceur toute céleste, trace encore sensible de la présence mariale qui saisit les visiteurs attentifs. Dans les deux cas, cette démarche nous a apporté l'élévation nécessaire pour surmonter nos humeurs et nous a recentré sur l'essentiel : notre entente profonde. Nous

avons reçu le soutien que nous cherchions et chacun a pu réaffirmer devant l'autre, son désir de poursuivre la vie commune.
Depuis, à l'occasion du 15 août, nous partons régulièrement visiter les lieux d'apparition mariale, un merci que nous renouvelons à Marie, en lui confiant désormais les vies de nos proches. Je suis infiniment reconnaissante à Michel de pouvoir entreprendre ces pèlerinages en couple. Ce n'est pas monnaie courante chez les hommes et je sais apprécier ce privilège.

En lisant avec délectation « L'élégance du hérisson », je suis tombée sur ce passage subtil et, incapable de le formuler aussi bien, je laisse à Muriel Barbery, son auteur, le soin de conclure : « Cet abandon exquis qui n'est possible qu'à deux. Le laisser-aller, laisser-venir et laisser-parler qui se vit avec l'autre en compagnie complice... Quand ai-je pour la première fois ressenti ce délassement heureux en présence d'un homme ? Aujourd'hui, c'est la première fois. » C'est encore et toujours ce que j'expérimente.

MICHEL *Regard croisé*

Beaucoup d'émotion à la lecture du texte de Dominique. Comme si je lisais l'interview de l'actrice jouant dans un film que j'ai beaucoup aimé il y a quelques années. Mais cette fois, nous sommes les « héros » du film. Les événements décrits par Dominique sont bien ceux que j'ai vécus, les stratégies amoureuses et les sentiments également. Mais revisités et mis en perspective, leur force en est décuplée. Je me souviens bien du premier regard de Dominique sur moi, de ses jolis yeux vert émeraude, quand je suis entré dans cette salle de réunion ouverte sur la montagne. Un mélange de surprise, de gêne et de forte intensité, comme si elle m'attendait et connaissait déjà la suite de l'histoire. Mais ce jour-là, j'avais d'autres préoccupations, notamment professionnelles. Je me souviens aussi de ce dimanche où je suis arrivé à Lausanne avec la ferme intention de ne pas me marier, et où je suis reparti avec la date très proche de notre union. Dominique et ses « alliés du Ciel » étaient plus forts que moi, à tel point que cette décision m'apparut très vite comme la seule « raisonnable ». C'était bien le *kairos*, ce moment propice pour construire notre nouvelle vie.

Lors de notre rencontre, nous n'en étions pas au même stade de maturité affective, Dominique avait beaucoup d'avance. Aurions-nous pu faire un autre choix ? Rationnellement, oui. Mais les synchronicités à l'œuvre, les désirs exprimés en visualisation créatrice, les prises de conscience progressives, les risques objectifs pris par chacun en se projetant en confiance dans un avenir non prévisible, montrent qu'un autre « scénario » aurait créé un gâchis aux conséquences funestes. L'importance donnée à notre vie intérieure et à une force spirituelle supérieure qui nous guidait, a limité les risques que nous passions à côté de notre chance.

Dominique vit naturellement le couple et nous envisage spontanément en exprimant le NOUS. Personnellement, j'ai toujours eu des difficultés avec l'articulation du JE-NOUS, même si je ne me perçois pas plus égocentrique qu'un autre. Pour moi, l'entité « couple » est secondaire par rapport à chacune de ses composantes. Vers le milieu de l'écriture commune de notre livre, nous sommes allés en vacances sur une île. En fin de séjour, au crépuscule, parti nourrir les poissons, j'ai glissé sur la mousse d'un rocher. Rupture du ligament croisé du genou gauche. Après le choc émotionnel et les soins d'urgence, nous avons partagé le sens de cette synchronicité. Le message était clair : ma priorité est bien d'avancer en consolidant l'articulation entre le JE et le NOUS, en privilégiant ma vie intérieure (côté gauche). Physiquement, une opération m'a donné un nouveau ligament croisé, plus solide que le précédent, selon le chirurgien. Psychologiquement, le travail est en cours, notamment avec une leçon de patience et d'humilité.

J'ai trouvé l'Âme sœur, ai-je écrit. Je le ressens profondément. Peut-on avoir plusieurs Âmes sœurs ? Peut-être, ou peut-être pas et seul un mâle peut penser à se poser cette question que Dominique doit trouver surprenante. Elle rejoint d'autres questions plus philosophiques. Pourquoi y a-t-il quelque chose plutôt que rien ? Aurais-je pu vivre une autre vie ? Etre Président de la République ? Ma conviction est que non. Chacun construit son destin, obtient selon son mérite et ce qu'il est capable de vivre à un moment donné. Je méritais de rencontrer Dominique et de vivre heureux auprès d'elle. Et réciproquement. Cette question ne se posant plus, une autre survient : Qu'allons-nous faire de cette pépite, de notre vie commune et de notre couple ? D'abord, veiller jalousement sur ce trésor, le protéger et le faire fructifier. Puis l'ouvrir au monde en témoignant de ce que nous vivons, avec pudeur et discernement, ce qui constitue bien le cœur de ce livre.

Le soleil et la lune

Ces symboles représentent bien l'amour humain et le poète chanteur nous rappelle que « Le soleil a rendez vous avec la lune ». Ces deux luminaires figurent en bonne place à l'Orient de notre temple, le soleil au sud et la lune du côté nord. Voici

un court extrait d'une planche rédigée après ma rencontre avec Dominique :
« Le **soleil** – principe actif masculin, source de la vie, physiquement et symboliquement – rayonne directement sa propre lumière. Il est le verbe faire, le sec, le feu, la conscience, le constant et l'instant. La **lune** – principe réceptif féminin, matrice de la vie féconde – reflète la lumière du soleil. Elle est le verbe être, l'humide, l'eau, l'inconscient, le changeant, le renouvellement et le temps qui passe. De leur rencontre, la rencontre cosmique du masculin et du féminin engendrant l'univers, quand celle-ci se produit, naît la vie, celle de la matière et celle de l'esprit. Dans la Genèse, le jour succède à la nuit. Le yin et le yang dansent dans un mouvement permanent. Dans le tarot, la lune précède le soleil éclairant les deux jumeaux car, pour que l'inconscient vienne à la conscience, il faut la nuit, descendre dans ses profondeurs afin de vivre l'épreuve de la terre. L'éclipse totale de soleil est la rencontre physique parfaite avec la lune, dans un étonnant rapport exact de diamètre et de distance. C'est l'instant du soleil noir, où l'inconscient épouse le conscient. Qui l'a vécu sait bien que la réalité devient alors illusoire, quand le coq, symbole de l'éveil, se met à chanter en pleine journée ! »

5

Etre chrétien et franc-maçon

L'essentiel est souvent menacé par l'insignifiant.
René Char

MICHEL

Je suis « excommunié » trois fois par l'Eglise catholique, en tant que divorcé, pythonisse (avec le tarot) et franc-maçon. Depuis sa création au 18ème siècle, les papes ont condamné la franc-maçonnerie pour des raisons politiques et dogmatiques, jusqu'en 1983 où le Code du droit canon supprime leur excommunication. La même année, le futur Benoît XVI précise que l'appartenance à une association maçonnique reste interdite par l'Eglise et que le catholique franc-maçon ne peut pas communier car il se trouve en « état de péché grave ». Pourtant je vis bien ma foi catholique, je participe aux principales cérémonies religieuses et j'adore visiter des lieux saints ou de pèlerinage. L'initiation maçonnique n'entre pas en concurrence avec le sacrement chrétien. J'ai épousé une catholique, de surcroît récemment convertie, et nous vivons harmonieusement nos croyances respectives depuis maintenant vingt ans. En loge, j'accepte plus facilement nos emprunts à la tradition chrétienne que certains frères agnostiques ou athées. Jésus est pour moi bien davantage qu'un Grand Initié et Le Grand Architecte de l'Univers se confond souvent avec Dieu le Père. Par caractère, je ne suis pas dogmatique et j'apprécie que la doctrine maçonnique se soit constituée progressivement en s'appuyant sur la tradition et en puisant à différentes sources, ce qui correspond bien à ma représentation du Monde.

Les traditions chrétienne et maçonnique – au moins celle concernant le Rite Ecossais – sont analogues. Ainsi, l'Evangile selon St Jean[25] nous rappelant que le Sauveur qui va naître bientôt est la vraie Lumière, est compatible avec la conception maçonnique de la Lumière : « Au commencement était le Verbe et le Verbe était Dieu. En lui était la vie et la vie était la lumière des hommes. La lumière brille dans les ténèbres et les ténèbres ne l'ont pas arrêtée. Le Verbe est la vraie lumière qui éclaire tous les hommes en venant dans le monde ». Le Volume de la Loi Sacrée, sur lequel nous prêtons nos serments, est La Bible qui représente aussi pour nous l'unique Loi à observer, celle qu'Adam a reçue lors de sa création. La principale différence est que, si un frère ne souhaite pas la Bible, le livre peut être remplacé par un autre, car pour nous francs-maçons, c'est le symbole qui compte.

A la fin de la messe, les fidèles se « donnent la paix » par un baiser ou une poignée de main. Les tenues maçonniques se terminent par une chaîne d'union. Le même reproche est souvent fait aux catholiques et aux francs-maçons, celui de n'être pas « catholiques » en dehors de l'église ou « fraternels » en dehors du temple, et que nous continuons rarement au dehors ce que nous expérimentons par nos rituels. La réalité est que nous ne sommes pas des anges ou des initiés parfaits, mais des êtres humains faillibles et limités. Il y a la même proportion d'imbéciles, d'égoïstes ou d'escrocs que dans le reste de la population. Ce qui renforce notre recherche d'humilité. Les valeurs humanistes et la priorité donnée à la vie de l'Esprit sont également des facteurs importants de convergence.

La foi présente une double polarité : l'une notionnelle et métaphysique, soucieuse de rationalité, et s'adressant davantage à la sphère cérébrale et à l'intellect. L'autre plus sensible, affective, émotionnelle, contemplative, est la porte de la spiritualité. Personnellement, mon entrée en maçonnerie a revivifié ma foi et ma pratique catholiques. Auparavant, je ne comprenais pas bien la signification de la messe, avec la

25 Evangile de Jean 1, 1-5.

répétition des mêmes phrases souvent obscures. La pratique du rituel maçonnique m'a permis de revisiter la liturgie catholique, d'y trouver un sens, de l'intérêt et du plaisir.

Lecture initiatique de la Bible

De même, la lecture de la Bible m'était rébarbative et certains passages me choquaient, surtout les plus violents. Mais elle n'est pas seulement un livre religieux, c'est aussi l'histoire d'un peuple qui raconte l'histoire du Monde et l'histoire de chacun de nous. L'approche symbolique maçonnique a enrichi cette lecture par la prise de conscience que les événements et les personnages de la Bible, les meurtres, les trahisons, le courage, l'amour et la loyauté, sont aussi une partie de notre psyché et de notre inconscient collectif à intégrer par notre travail personnel.

Le rite maçonnique me fournit ainsi une grille de lecture de la Bible, initiatique et symbolique, qui m'amène à envisager chaque instant comme un commencement, une initiation. J'ai maintenant conscience d'être un voyageur qui avance pour savoir où il va en s'abreuvant à plusieurs sources, qui est libre car il n'a plus le choix, guidé par la rigueur du rite et la fraternité des membres de ma famille, de toutes mes familles. Le temps cyclique du rituel me rappelle aussi que les années liturgiques et maçonniques sont construites sur des principes analogues : ouverture et clôture symboliques des temps de partage – messe et tenue –, progression des travaux calquée sur la vie de Jésus ou sur celle de l'homme, cycle annuel de retour des thèmes de méditation en phase avec les mouvements de la Terre et du Soleil. D'un côté, les paraboles de Jésus[26] lui permettent d'annoncer la Parole de Dieu, de

[26] Matthieu 13,11-15. Les disciples demandent à Jésus : « Pourquoi parles-tu à la foule au moyen de paraboles ? » Jésus dit : « Vous avez reçu, vous, la connaissance des secrets du Royaume des cieux, mais eux ne l'ont pas reçue. C'est pourquoi j'utilise des paraboles pour leur parler : parce qu'ils regardent sans voir et qu'ils écoutent sans entendre et sans comprendre. Ainsi s'accomplit pour eux la prophétie exprimée par Isaïe en ces termes : vous entendrez bien, mais vous ne comprendrez pas : vous regarderez bien, mais vous ne verrez pas. Car ce peuple est devenu insensible. »

passer de l'invisible au sensible et d'être ainsi compris par le plus grand nombre, à son époque illettré. De l'autre, notre démarche initiatique nous propose le rituel et les symboles pour accéder à d'autres régions de la connaissance et passer ainsi du logique à l'analogique, du rationnel à l'intuitif, du détail au global, afin de mieux voir et comprendre ce qui se passe. Les symboles maçonniques permettent ainsi à l'initié de court-circuiter le mental en s'adressant directement à son esprit.

En terme de recherche spirituelle, ce n'est pas parce que la fin du voyage est identique, quelle que soit la tradition envisagée, que tous les chemins se valent. Par exemple, confondre le bouddhisme, la religion catholique et la franc-maçonnerie est une approche syncrétique dommageable à la construction spirituelle ainsi qu'à l'authenticité de l'être, donc à l'efficacité de sa recherche. Même si chaque source nourrit les autres rivières, et les dernières découvertes sur la méditation et les neurosciences en sont une illustration, il est essentiel d'identifier et de suivre sa propre voie, tout en restant ouvert aux questions posées par les autres parcours. Je suis donc très vigilant afin d'éviter tout syncrétisme[27] – source de confusion, de paresse et d'obscurantisme – en resituant bien l'origine des concepts et des traditions. Les religions sont liées à l'histoire et à des dogmes. Notre rite est lié à la tradition et ses légendes initiatiques trouvent leurs sources dans la même histoire, revisitée au niveau symbolique. Quant à l'Ecossisme, c'est l'état d'esprit dans lequel nous pratiquons notre rite et nous le déclinons dans nos engagements quotidiens. Respectueux des religions et de la foi qu'elles inspirent, cet état d'esprit nous affranchit néanmoins de tout dogmatisme. Dans toutes les dimensions de la spiritualité, il sublime la liberté d'être, la liberté de pensée, la liberté de conscience. Il y fertilise la liberté d'action et la fait rayonner.

---

[27] Mélange de doctrines et de systèmes, appréhension globale et indifférenciée d'un ensemble.

Dogme, hiérarchie et chant

Pour moi, être chrétien ou franc-maçon comporte trois différences fondamentales qui sont autant d'enrichissements réciproques.

La première concerne le *dogmatisme.* Etre chrétien implique notamment de croire dans un ensemble de dogmes et dans une vérité révélée par un Dieu unique. Cette vérité est enfermée entre certaines bornes au-delà desquelles commence l'hérésie. Le franc-maçon suit un parcours initiatique sur la base d'une ascèse personnelle, compatible avec une pratique religieuse et excluant tout dogme. Il est d'ailleurs encouragé au dépassement de ses propres préjugés. La franc-maçonnerie travaille ici et maintenant et ne prétend pas : « Mon royaume n'est pas de ce monde », car ce n'est pas une religion du salut. Nous distinguons le Grand Architecte de l'Univers et Dieu, même si personnellement j'ai tendance à les confondre, comme nous l'avons vu. Notre travail est de chercher la vérité avec le maximum d'ouverture et de remise en cause et non de croire en une révélation. Dans cet espace de spiritualité, de dialogue et de partage d'expériences personnelles, chacun peut s'engager en conscience dans sa quête personnelle en direction de la Vérité, de la Parole, de la Lumière ou de Dieu si c'est son choix. Ce qui est le mien. C'est un espace interreligieux où règne la liberté d'expression et le respect de l'autre. Nous sommes tous différents même si nous pratiquons un même rite. Les hommes sont tous frères, initiés ou profanes, croyants ou non. Nous faisons tous partie de l'humanité et, même si les chemins diffèrent, nous nous rendons au même endroit, quel que soit son nom : le cœur du divin, le pur esprit, l'Orient éternel ou le Ciel. Ce qui nous différencie d'autres espaces où règnent parfois le fanatisme religieux, l'exclusion et la répression.

La seconde s'applique au rôle de la *hiérarchie.* Pendant la messe, il y a d'un côté le prêtre représentant Jésus qui est seul autorisé à dire la messe, et de l'autre l'assemblée des fidèles qui accueille ses paroles et ses gestes. Par ailleurs, le prêtre est soumis à une hiérarchie romaine parfois pesante qui intervient à la fois sur le fond des croyances et sur les aspects administratifs. Chaque loge est affiliée à une obédience maçonnique dont le rôle principal est surtout administratif. Chaque maçon est libre dans une loge libre, élisant son Vénérable Maître et son collège d'officiers pour une année. Chaque maître peut être élu Vénérable ou officier et ainsi lire le rituel et participer activement aux cérémonies. Pour moi, ces deux premières différences sont à l'avantage de la franc-maçonnerie, même si je crois en un Dieu unique et si j'ai souvent de la sympathie personnelle pour les prêtres ou les religieux que je rencontre. En effet, je préfère une voie où l'homme construit son propre chemin sous le regard bienveillant de ses frères. Le principal écueil de cette démarche est l'orgueil qui atteint encore trop de frères. Sous le prétexte d'être « initiés », certains se prennent pour le Créateur et oublient leur condition de créature terrestre – certes, avec une part divine – et les qualités d'humilité associées.

La troisième différence, à l'avantage des catholiques, concerne le *chant*. En loge, nous ne chantons pas et cette communion de chœur à cœur me manque beaucoup, bien que la musique – profane ou sacrée – soit très présente. Celle-ci accompagne nos méditations et les temps forts de notre rituel. Mais rien ne remplace la communion du chant, surtout pratiqué sous une voûte de cathédrale, renforçant l'enthousiasme de la communauté catholique.

Voir et comprendre autrement

Existe-t-il des limites à notre capacité humaine de voir et de comprendre ? La Bible[28] nous donne des indications : ces

[28] Marc 4, 21-23 ou la parabole de la lampe. « Jésus dit : quelqu'un apporte-t-il la lampe pour la mettre sous un seau ou sous le lit ? N'est-ce pas plutôt pour la mettre sur le porte-lampe d'où elle éclaire tous ceux qui sont dans la maison et afin que ceux qui entrent voient la lumière ? Car il n'y a rien de caché qui ne doive être rendu visible et rien n'est demeuré secret que pour venir en pleine lumière. Ecoutez bien, si vous avez des oreilles pour entendre. »
Luc 11, 33 complète : « Tes yeux sont comme la lampe de ton corps : si tes yeux sont en bon état, tout ton corps est éclairé ; mais si tes yeux sont mauvais, tout ton corps est dans l'obscurité. Ainsi, prends garde que la lumière qui est en toi ne soit pas obscurité. »

limites existent, elles varient selon les hommes et dans le temps, et ne dépendent pas seulement de nous. Notre action consiste à nous mettre en route dans notre démarche initiatique avec ferveur et espérance. L'initié dispose d'autres clés pour décoder le monde et ce qui lui arrive. Etre initié, c'est donc accepter de recommencer en permanence et de s'engager résolument dans la connaissance métaphysique. L'essentiel est invisible pour les yeux. L'essentiel est inaccessible par la raison. Seuls le cœur et la foi peuvent nous donner le courage de progresser ensemble sur notre chemin pour retrouver la Parole perdue. Afin d'éviter de commettre un « pêché », notre devoir n'est-il donc pas d'utiliser au mieux les talents que Dieu nous a confiés et de tout mettre en œuvre pour chercher la Lumière ?

En synthèse, Dieu m'est inaccessible directement. Je ne peux le percevoir qu'au travers de sa manifestation dans la création, dans ma vie, au travers de signes à déchiffrer, au travers de mon intuition. Moïse[29] nous dit à la fois d'être actif pour développer notre conscience de Dieu et que c'est Dieu qui choisit, selon ses propres critères, ceux qui peuvent voir et comprendre et quand ils peuvent le faire. Le mouvement de communication entre Dieu et les hommes serait donc à double sens. La conclusion pratique est proposée : chacun doit faire son devoir, penser et agir au mieux dans la recherche de Dieu ; mais c'est Dieu qui dispose du résultat. Il vaut donc mieux ne pas rechercher le fruit de nos actions sur Terre car ils ne dépendent pas de nous. L'essentiel est de prendre au sérieux l'alliance avec Dieu, d'être conscient des prodiges de la vie, de s'intéresser d'abord à notre vie spirituelle car le reste, le matériel, nous sera donné de surcroît.

[29] Romains 11, 8 : « Dans le temps présent, Dieu a choisi un petit nombre de gens par bonté et non pas à cause de leurs actions. Le peuple d'Israël n'a pas obtenu ce qu'il recherchait. Seuls ceux que Dieu a choisis l'ont obtenu ; les autres sont devenus incapables de comprendre, comme le déclare l'Ecriture : Dieu a rendu leur esprit insensible, il a empêché leurs yeux de voir et leurs oreilles d'entendre jusqu'à ce jour. »

DOMINIQUE *Regard croisé*

Qu'ajouter à la « profession de foi » de Michel ? Peu de choses, si ce n'est que le syncrétisme dont il se méfie, me paraît justement habiter la franc-maçonnerie. Sa tradition ne puise-t-elle pas aux cultes égyptiens, à la mythologie grecque, à la religion chrétienne, à l'alchimie, aux Rose-Croix et à la kabbale... Cela fait beaucoup !

Je partage l'avis de Michel quant à la nécessité de suivre une voie unique pour construire sa vie spirituelle. Sans doute, les nombreux rapprochements qu'il établit entre le catholicisme et la franc-maçonnerie, lui font-ils penser qu'il s'agit d'une seule orientation. Mais il a été suffisamment clair...

Parlons du dogme catholique. Personnellement, je m'y sens à l'aise et j'accepte volontiers ce corps de croyances édifié au fil des siècles, par des esprits religieux aussi brillants qu'inspirés. Lorsque je bute sur des concepts difficiles, comme la résurrection de la chair, je pense aux miracles qui guérissent encore de nombreux malades dans leur chair ainsi ressuscitée au présent. La science, qui a découvert que la matière est à la fois onde et particule, résoudra peut être un jour le mystère du corps de gloire.

Les interdits de l'Eglise et certaines erreurs dans son histoire, en particulier l'Inquisition, me posent davantage problème. Mais les hommes de Dieu restent des hommes et les religions des constructions de l'esprit humain, assujetties à des cultures et à des histoires plurielles. Elles réduisent en mots des expériences spirituelles indicibles – heureusement universelles – et doivent être intelligibles par tous.

Je comprends que l'Eglise catholique ne cautionne pas la liberté des mœurs actuelle et maintienne un message traditionaliste qui rappelle la Loi naturelle, les fondements ontologiques inscrits dans l'homme. Elle propose aux fidèles un ensemble de règles de vie, une sorte de programme de perfectionnement, propice à la vie spirituelle. Contre cet idéal viennent buter les contraintes de la réalité et chaque fidèle, dans son âme et conscience, exerce son discernement. Personnellement, je ne considère pas que je vais perdre la foi ni que Dieu me retirera sa grâce, si je ne me conforme pas à tout ce qui est recommandé. J'ose croire que l'Eglise est constituée de sujets libres, qui aiment Dieu « *en esprit et en vérité* ». Néanmoins, son discours intangible établit un socle normatif sur lequel nous pouvons nous appuyer pour orienter notre vie. Et je lui suis reconnaissante d'avoir le courage de défendre les valeurs auxquelles elle croit, en fixant des repères dans notre civilisation qui en manque.

Dans les excommunications de l'Eglise, je vois des barrières défensives érigées pour la sauvegarde des Saints sacrements. Pour ma part, je n'y retrouve pas l'esprit évangélique, la miséricorde de Jésus, « *venu non pour juger mais pour sauver* ». J'avoue également éprouver quelques difficultés avec les pesanteurs historiques de la hiérarchie catholique et celles de la pompe vaticane. Jésus s'y reconnaîtrait-il ?

6

Le spirituel au quotidien

Les vérités découvertes par l'intelligence demeurent stériles.
Le cœur est seul capable de féconder les rêves.
Anatole France

DOMINIQUE

La spiritualité n'est jamais triste puisqu'elle ouvre sur la Vie. Tout au plus peut-elle être grave mais le plus souvent, elle fait passer un souffle joyeux, une « *brise légère* » douce et rafraîchissante, comme lorsque Dieu se manifeste au prophète Elie, devant la caverne où il a trouvé refuge. Elle donne aussi de l'espace à nos enfermements, elle fait fondre les frontières de nos égoïsmes.

Comment vivre la spiritualité au quotidien dans le monde présent ? C'est l'une des questions qui me tient à cœur d'aborder dans ce petit livre, en restant à la fois simple et authentique pour ne pas rebuter les lecteurs hésitants, ni faire « Moyen Âge », selon l'expression à la mode.

La spiritualité au jour le jour peut très bien commencer par une ballade. Celle que je recommande mène tout droit devant le fronton de la cathédrale Notre-Dame de Paris. Il suffit de lever la tête jusqu'au premier balcon de la façade principale et là, tout est dit ! A gauche, comme il se doit, la statue d'Eve, à droite, celle d'Adam, tous deux pudiquement habillés d'une feuille de vigne. Si Adam montre un visage affligé qui déclenche la compassion, Eve présente un maintien modeste et un petit sourire d'une naïveté assez séduisante. Au milieu, entourée de deux anges, Marie, mère de Dieu, tient dans les bras son enfant qui bénit le monde. Les anges autour de Marie symbolisent l'univers invisible et le soutien que nous pouvons en attendre, si notre cœur s'ouvre aux réalités d'en haut.

Il n'y a rien d'autre à comprendre que ce qui est représenté. Nous, Adam et Eve, avons à devenir Marie et à donner naissance au fils spirituel, à celui qui existe à l'état d'embryon dans les profondeurs de notre Etre, et qui viendra au monde lorsque l'Esprit saint nous visitera. L'enfant grandira alors, selon les lois spirituelles universelles, en demandant les mêmes soins et la même attention que nous accordons à nos enfants de chair. Devenu adulte, ce fils spirituel intimement lié à notre corps l'accompagnera sur le bois de la mort, puisque toute vie terrestre trouve son achèvement, puis rejoindra le Père éternel. A ce moment-là, puissions-nous nous souvenir de la Parole du Christ : *« Père, en tes mains je remets mon esprit »* Luc 23,46, et recevoir la grâce de la répéter après Lui, avant d'ouvrir les yeux sur un autre monde. Les Américains utilisent une formule étonnante de simplicité, qui va de soi en quelque sorte pour signifier cet au-delà : ils parlent de « next life », la vie suivante...

L'Annonciation

Depuis huit siècles, les cathédrales déroulent devant nous le livre d'histoire de l'humanité spirituelle, comme le ferait une bande dessinée. Après la glorification de Dieu, c'est à l'instruction des fidèles que sont destinés ces monuments. Arrêtons-nous devant l'une des innombrables représentations de l'Annonciation, où l'archange Gabriel, messager indissociable du mystère de l'incarnation, s'incline gracieusement devant Marie. Combien de fois sommes-nous passés distraitement devant ces images, pensant qu'elles dataient de plus de deux mille ans, qu'elles ne concernaient que la Vierge choisie par Dieu pour porter son Fils ? Pourtant le message joyeux de l'ange se répète à l'infini, chaque jour depuis des siècles. Si nous sommes attentifs, si nous cherchons Dieu en vérité, et même si nous ne le cherchons pas, par l'intermédiaire d'un proche, par une parole lue ou prononcée, dans l'irruption d'un événement inattendu, nous recevrons immanquablement le message que délivre Gabriel, cette confirmation intime de la Présence divine dans nos vies : « Tu es béni/e, le Seigneur t'aime, Il est avec toi ». Nous aurons à répondre un simple oui, comme Marie, pour que l'Enfant commence à irradier notre chair dans l'allégresse. C'est la seconde naissance dont parle le Christ, celle qui succède naturellement à l'Annonciation.

Mais poursuivons notre visite des cathédrales. Il faut flâner à l'intérieur, se laisser envahir par la beauté des hautes nefs, admirer les éblouissements de lumière que renvoient les vitraux, contempler les Saints sculptés pour notre édification, se laisser submerger par les grandes orgues, imaginer tous ceux qui nous ont précédés en ces lieux, bâtisseurs et pèlerins. Chaque édifice ouvre notre cœur à la splendeur, à la louange, aux vibrations lumineuses et sonores, à l'éternité de la pierre qui s'élance vers le ciel. Notre être spirituel s'éveille et nous voilà déjà dans la prière.

La forêt murmurante, les champs ondulant sous le vent, la montagne dans le silence céleste de ses cimes, nous invitent au même hymne, à la même célébration de la beauté qui touche notre âme pour mieux nous amener au divin. Une simple promenade peut ainsi nous régénérer, corps, coeur et esprit. Elle peut aussi devenir communion à la grand'messe de la nature, comme sur ces somptueuses plages désertes de Basse Californie, où les rouleaux dans un fracas de tonnerre viennent épouser le rivage, où les baleines se jouent des flots tumultueux, une nageoire hors de l'eau en signe de parfait bonheur.

C'est aussi dans ces promenades – les barrières personnelles abaissées par la marche et la contemplation du paysage – que les pensées et les sentiments du couple se mettent à l'unisson. Instants ressourçant, indispensables comme l'air au plaisir du compagnonnage.

Attardons-nous justement sur la vie à deux. Comment s'y manifeste le spirituel au fil des jours ? Certainement par l'attention portée à l'autre, à ses expressions, ses regards, ses paroles et ses attitudes. De cette observation, dont l'un des objectifs tient à prendre l'autre en bienveillante considération, naît la communication. La spiritualité est avant tout communication avec l'autre. Nous prions un Dieu qui communique : l'Incréé que nous nommons Père se manifeste dans le Fils et entre en relation par l'Esprit saint. La référence première qui nous est donnée est cette Trinité communicante. Par nature, qu'il soit partagé ou non, l'Amour est forcément communicant, à moins de n'être ni amour, ni amitié, ni empathie, ni même relation.

Pour communiquer, chacun a besoin d'un espace ouvert, où il peut librement s'exprimer, sans être interrompu, rabroué ni jugé. Si cette parole est accueillie avec respect et reconnaissance par celui qui écoute, si elle est encouragée, stimulée par des réponses adéquates, elle devient un partage fécond et enrichissant pour les deux partenaires. « La parole appartient pour moitié à celui qui la dit et pour moitié à celui qui l'écoute », disait Montaigne. La libre expression débouche ainsi sur un dévoilement progressif de l'Etre profond, qui entraîne la réciproque chez l'autre. Cette communion est au cœur de la vie du couple. Son absence aboutit immanquablement au dépérissement du sentiment amoureux.

Les trois piliers

Le Père Stefano Mariotti, curé en pays catalan, avait coutume de dire à propos du mariage qu'il se construit sur trois piliers : la table pour parler en mangeant des nourritures savoureuses, le lit pour aimer et l'autel pour prier. Si l'un des trois piliers manque, le couple rencontrera des difficultés, voire l'échec. Cette vision me semble extrêmement pertinente.

La parole passe ainsi par les plaisirs de la table, qui agissent comme un stimulant sur l'esprit. L'entier de la personne est transformé par ce qui lui apporte du plaisir, le cerveau secrétant plusieurs hormones liées à cette sensation. La musique, le restaurant, la danse, le sport, les réunions amicales trouvent ainsi leur justification – s'il en faut une ! – dans l'agenda du couple. Et gare aux problèmes qui viennent polluer ces moments d'ajustement à deux. Lorsque Michel ou moi traversons des situations pénibles, nous nous interdisons d'en parler au minimum un jour par semaine. Ce bol d'air nous évite de tourner en rond et de perdre le contact avec ce qui est plus essentiel : sauvegarder notre équilibre et notre bonne santé.

La doctoresse suisse Elisabeth Kousmine conseillait à ses patients de faire chaque jour au moins quatre choses pour leur propre contentement. Ce préalable lui paraîssait nécessaire à la santé physique et psychique, ainsi qu'à toute relation d'aide engagée envers les autres. On ne peut apporter du bien-être à autrui que si l'on s'en donne à soi-même. L'aide doit rester un don gratuit et non une compensation aux manques que nous ressentons ou à une estime de soi mal assurée. Faire de l'autre son obligé fausse à coup sûr la relation.

C'est toi !

S'effacer, s'oublier soi-même pour faire plaisir à l'autre. Ce principe qui a guidé l'éducation des enfants d'après-guerre, les fameux soixante-huitards dont je fais partie, provoque des haussements de sourcils en ces temps où triomphe l'individualisme hédoniste. Un très joli conte indien met en scène deux amoureux. La jeune fille se trouve dans sa maison. Frappe le fiancé qui répond à la question de sa belle « Qui est-ce ? » par un sonore « C'est moi ! » La porte reste fermée. Au deuxième coup, la question fuse à nouveau de l'intérieur. Et l'amoureux s'obstine à répondre « C'est moi ! » La porte ne s'ouvre toujours pas. Le fiancé prend conscience que sa réponse, pourtant naturelle, déçoit la jeune fille. Il réfléchit, frappe à nouveau et répond à la troisième interrogation par « C'est toi ! » La porte s'entrouvre sur le visage rayonnant de l'aimée.

Se mettre à la place de l'autre, faire passer l'autre avant soi-même, la démarche est probablement plus féminine que masculine. La procréation oriente naturellement la femme sur le bien-être d'autrui et l'homme sur les aspects de sécurité. Mais quelle meilleure recette spirituelle de bonheur que de faire plaisir à l'autre, à condition que l'amour engage le mouvement réciproque ? S'effacer ne signifie pas abdiquer devant l'autre, mais simplement lui accorder la priorité quand il en a besoin. Reste à régler ce délicat balancier pour que l'équilibre soit respecté dans le couple. Chacun doit pouvoir répondre « C'est toi ! » à tour de rôle.

Et tout à propos, quand le balancier reste bloqué du même côté, quand l'autre n'a pas suffisamment tenu compte de son partenaire, que faire ? Rappeler que l'amour vit de réciprocité et sans accabler l'autre de reproches, lui laisser le temps de reconnaître son erreur et de la réparer. J'ai déjà évoqué à quel point le pardon tout à la fois demandé et accordé, pouvait dénouer une situation, provoquer des embellies inouïes dans une relation. Un repentir sincère, en conscience et en vérité, permet de repartir à zéro, d'effacer l'ardoise. Nous le pratiquons invariablement Michel et moi, lorsqu'il nous arrive de blesser l'autre. Dans la demande de pardon adressée à autrui, celui-ci est reconnu, rétabli dans ses droits et dans le respect dû à sa personne. Quant à l'offenseur, il échappe à la culpabilité. Car le principal obstacle à l'amour, à la spiritualité, réside dans la culpabilité. Dans les Evangiles, Jésus avant de guérir le paralytique, prononce le fameux « *tes péchés sont pardonnés* », phrase reprise dans le Sacrement de réconciliation. La culpabilité, en pervertissant l'esprit, ouvre la voie à la déchéance psychique et physique. Elle paralyse autant l'estime de soi que les élans du cœur.

Regarder son ombre

Demander pardon implique évidemment de rencontrer son ombre. Dans le musée Salvador Dali à Cadaquès, se trouve un petit tableau intitulé *« Le portrait au miroir »*. On y voit une jeune femme de dos, dont la chevelure blonde ondule sur les épaules. On l'imagine jolie et l'on se penche pour distinguer le reflet de son visage dans le miroir ovale qu'elle tient à la main. Surprise, le visage reflété est noir, grimaçant : celui d'une sorcière. La jeune femme aperçoit donc son ombre. Mais cette œuvre, qui pourrait paraître anodine au premier coup d'oeil, plonge le visiteur dans une habile mise en abyme. En réalité, qui voit l'ombre, la jeune fille ou le peintre ? Et la jeune fille, aperçoit-elle sa propre ombre ou plutôt l'image que projette le peintre sur elle ? N'est-ce pas encore l'ombre elle-même du peintre qui est représentée ou l'image qu'il veut montrer du narcissisme ? Les interprétations sont innombrables...

Demeure cependant la question de l'ombre qui peut être comprise comme les aspects négatifs, les défauts que la personne refuse de reconnaître et qui, refoulés, finissent par envahir son psychisme. Refouler le mal qui est en nous, le camoufler, le revêtir de bonnes intentions ne sert qu'à le renforcer. Dans le temple de Kom Ombo en Egypte, dédié au dieu Sobek à tête de crocodile, un pan entier du mur d'enceinte est gravé d'une suite de petites scènes qui, telles une bande dessinée, content la saga du mal. Celui-ci est représenté par un hippopotame. Des soldats se lancent à sa suite, le blessent, le capturent, le ligotent, le hissent sur un radeau ou le tirent dans l'eau. Quel que soit son sort, l'hippopotame est insubmersible et ne succombe jamais. L'enseignement de ces saynètes est limpide : il est impossible d'éradiquer le mal, tout au plus peut-on l'empêcher de nuire ! Depuis la nuit des temps, il s'agit d'affronter son ombre, de l'apprivoiser en quelque sorte pour qu'elle nous laisse libre de nos pensées et de nos gestes.

Dialoguer avec ses peurs

L'art pictural est décidément un excellent maître. Un autre tableau, découvert cette fois-ci dans une église de l'île de Patmos, m'a fait comprendre l'attitude à adopter avec nos démons intérieurs. J'y repense souvent avec un élan de gratitude pour le peintre qui l'a si bien conçu. On y voit Sainte Catherine de Sienne, revêtue d'une belle robe bleu roi, marcher dans un jardin. Elle tient la main d'un diablotin habillé de rouge, muni d'un trident et représenté comme il se doit avec des oreilles pointues sortant de son bonnet, des pieds fourchus et une queue également rouge, terminée en pointe de flèche. De la taille d'un jeune enfant, il serre sagement la main de Sainte Catherine. Tous deux paraissent cheminer d'un même accord, il semble même qu'ils viennent juste de converser. Je me suis longtemps demandée comment juguler la peur, la colère, la jalousie, le ressentiment... Le tableau donne la réponse : il faut réduire ces émotions à leur juste taille et avancer en dialoguant avec elles, pour tirer parti de l'énergie qu'elles véhiculent. Car les sentiments négatifs ont toujours deux versants. La peur peut immobiliser mais aussi déclencher le mouvement qui sauve la vie. La colère peut amener à blesser mais aussi à voir plus clair, à mieux discerner. La jalousie peut entraîner la destruction mais aussi conduire celui qui l'éprouve au perfectionnement. Quant à la haine, n'est-elle pas l'autre versant de l'amour ?

Lorsqu'ils montent en nous, apprenons donc à nommer nos penchants négatifs puis, les ayant reconnus, à converser avec eux. Inutile de les nier puisque nous cohabiterons ensemble toute la vie ! Maintenir nos démons à la place que nous avons décidée de leur attribuer, en pleine conscience, contribue à asseoir la paix intérieure. La liberté est d'avoir tout pouvoir sur soi-même. Et la façon d'y parvenir passe par l'acquiescement à ce qui est. Quelles que soient les traditions, le maître mot du travail intérieur est l'acceptation : s'accepter soi-même, accepter la condition dans laquelle nous sommes nés, accepter la Vie dans sa globalité.

Dans tous les séminaires de développement personnel, surgit immanquablement la question du sens de la vie. Quel est le sens premier de la vie, quel sens donner à sa propre vie ? Si je n'avais pas été éclairée par les Evangiles, j'hésiterais sur la meilleure réponse à donner. Au travers de mon cheminement, le sens s'est précisé, même si la réponse était présente en moi depuis l'enfance. C'est bien entendu l'Amour : « *Aime ton prochain comme toi-même* ». L'Amour conduit naturellement à se perfectionner soi-même pour mieux aimer les autres. Le plus grand des commandements contient de fait la recommandation « *Soyez parfaits, comme votre Père est parfait* ». Bien entendu, nous ne serons jamais parfaits, le penser serait le pire péché d'orgueil. Mais tendre vers l'Amour, pour contribuer à son installation sur terre, à l'avènement du Royaume de Dieu ici-bas, voici le sens que je vois dans la vie.

Si je n'avais pas accès aux Evangiles, si je ne connaissais pas l'enseignement que nous a laissé Jésus, si je n'avais pas sous les yeux son modèle de vie, je ne saurais comment orienter mon existence. Le sens de la vie chrétienne réside dans l'imitation de Jésus Christ, pour espérer un jour vivre dans la proximité de Dieu, de l'Amour. A chaque dilemme rencontré dans la vie courante, je me réfère au Nouveau Testament, je cours en quelque sorte chercher une réponse dans les Evangiles, comme tant d'hommes et de femmes ont accouru vers le Christ. Ce qui ne signifie pas pour autant que j'arrive à accomplir ce que Jésus nous enseigne ; je m'y efforce simplement, en mobilisant ma bonne volonté.

Depuis quelques années, un leitmotiv soutient mes actions : « *Fais le bien et j'agirai* ». Cette recommandation du Seigneur me rassure, elle ne me paraît pas insurmontable et laisse toute la place à Ses Oeuvres. A mon niveau, avec mes faiblesses, en invoquant l'Esprit saint, j'essaie d'accomplir le bien, tel qu'il m'apparaît à un moment précis. Et pour savoir en quoi consiste ce bien, je me réfère aux Evangiles. C'est en ce sens aussi que Jésus nous sauve : il nous montre la voie, « *Je suis la porte* », « *Je suis le chemin, la vérité et la vie* ».

Le spirituel au quotidien

MICHEL

En quoi la pratique maçonnique est-elle un guide de vie ? Quel est l'intérêt du spirituel pour mieux vivre le quotidien ? A priori aucun, d'autant plus que de nombreux « Maîtres » indiquent que la Voie spirituelle est le chemin lui-même, et que la recherche d'un bénéfice quelconque nous en éloigne. Pourtant, à la fois consciemment et à mon insu, mon initiation, ma présence aux tenues et nos réflexions partagées lors de nos travaux en loge m'ont transformé. Quand deux frères se rencontrent pour la première fois, généralement ils se reconnaissent sans même faire appel aux signes habituels. Il s'opère donc bien une transformation profonde qui se repère.

Que serais-je devenu sans mes frères, qu'ai-je vraiment reçu de la franc-maçonnerie et que lui ai-je donné ? J'estime avoir été – selon la formule consacrée – un bon maçon : je taille ma pierre là où elle se trouve en étant présent le mieux possible par le cœur et l'esprit. Ma vie personnelle – psychologique et spirituelle –, familiale et professionnelle aurait été beaucoup moins agréable, riche et utile sans l'initiation et la pratique maçonnique ainsi que sans la remise en cause exigeante qu'elles entraînent. Si je n'étais pas franc-maçon je suis convaincu que je serais un plus mauvais mari, père ou fils et, certainement, un plus mauvais professionnel. Dominique m'accompagne et m'aide, entre autres, à donner du sens et de la cohérence aux différents domaines de ma vie. Car la vie n'est rien sans une pratique quotidienne et d'abord la pratique de l'amour c'est-à-dire, selon St Exupéry, regarder ensemble dans la même direction.

Je vis intensément la maçonnerie comme une école et un laboratoire de vie. Une école où le maître est la conscience que ce qui arrive à chacun lui appartient, sous le regard bienveillant

de l'Autre. Chacun est responsable de ce qu'il fait de sa vie. Assumer la responsabilité de sa vie est le point crucial de l'évolution d'un être humain. Etre responsable c'est porter la réponse, c'est-à-dire être capable d'agir avec intelligence, créativité et amour dans toute situation. Je ne peux pas être heureux tant que je me vis comme victime qui subit les événements. Nous portons en nous la personne victime et la personne responsable. En disant oui à ce qui m'arrive – par exemple si je suis blessé –, je ne vais pas dire oui à l'accident mais à tout l'apprentissage qu'il va me permettre de faire. Quand je dis oui à une situation, je ne suis pas fataliste mais je dis oui à ma capacité d'apprendre la leçon de la vie au travers des événements qui surviennent.
La maçonnerie est également un laboratoire où je peux faire des expériences en un lieu sécurisé par la présence d'êtres éveillés, où les jeux habituels de menace et de séduction sont minorés. La maçonnerie m'a ainsi appris à écouter, à pondérer mes jugements, voire à les supprimer, à mieux me connaître et connaître les autres, à prendre de la distance par rapport aux événements, à me concentrer sur l'essentiel, sur ce qui rassemble – comme le symbole – et non sur ce qui sépare, notre rituel nous incitant à « Rassembler ce qui est épars ». La maçonnerie est également pour moi une méthode qui nous permet de trouver notre talent – spécifique, unique, distinctif, à haute valeur ajoutée pour soi et le progrès de l'humanité – et de le développer. Je crois avoir trouvé le mien qui est de favoriser l'Agapè dans les groupes où j'interviens, c'est-à-dire cet égrégore qui facilite la communication directe entre le meilleur de chaque individu, sa partie divine.

Méthode maçonnique, méthode de vie

Personnellement, je vis le spirituel au quotidien en appliquant le plus souvent et le plus sincèrement possible la méthode maçonnique, qui devient progressivement une méthode de vie, dans une recherche d'attitude de charité avec les autres. La franc-maçonnerie m'apporte à la fois la colonne vertébrale pour faire le voyage et me tenir debout, les grilles de lecture pour décoder l'essentiel de la vie ainsi qu'une pratique de la fraternité et un cadre de réflexion. Mais ce cadre peut rester vide si je ne travaille pas en permanence à le remplir de mon vécu, libre et vrai. Un maçon libre dans une loge libre, un maçon vrai dans une loge vraie, c'est-à-dire devenir soi-même dans le respect de l'autre.

Au sens végétal et animal, être vivant signifie laisser couler au sein de son être le fluide de vie – sève, lymphe ou sang – afin de se développer et de transmettre soi-même la vie. L'homme se doit d'abord d'être vivant à ce niveau, de s'incarner dans le monde matériel, pour éviter l'illusion d'être un « pur esprit ». L'esprit se nourrit d'abord de la vitalité du corps et de celle du cœur. Il se construit depuis notre premier battement de conscience, se renforce par la transmission de nos aînés et par l'expérience de notre vie profane. Réflexion philosophique, travail psychologique, pratique religieuse et/ou initiation spirituelle complètent ces différents niveaux de construction de l'être. Il existe donc bien une progression et une complémentarité. L'essentiel est invisible pour les yeux et inaccessible par la raison. Seuls le cœur et la foi maçonnique peuvent nous donner le courage de progresser ensemble sur notre chemin pour retrouver la Parole perdue.

La vie quotidienne et la spiritualité peuvent paraître deux univers éloignés, le matériel épais contre le spirituel subtil. Le chemin maçonnique part du quotidien sensible et se dirige vers l'esprit. Dans la chaîne d'union, le Vénérable Maître nous rappelle notre idéal : « Bien au-dessus des soucis de la vie matérielle, s'ouvre pour le franc-maçon le vaste domaine de la pensée et de l'action ». Il s'agit bien de réconcilier la pensée et l'action, l'une alimentant l'autre, en observant les soucis quotidiens sous un angle approprié, afin d'ouvrir un champ d'expérimentation où matériel et spirituel ne s'opposent plus.

Nos actes sont l'expression directe de notre inconscient et la mesure de notre progrès spirituel. D'ailleurs, si j'étais davantage éveillé, mon action juste pourrait suffire à nourrir ma vie spirituelle et j'aurais moins besoin de venir en loge ou à l'église. Toute action peut être vécue comme une méditation, où l'esprit inspire la main qui agit. Il est alors possible d'habiter consciemment chaque geste et de faire de chaque action un rite[30]. Une vie pleinement accomplie est donc à la fois ouverture active sur le monde et recentrage sur cette intériorité qu'on pourrait définir comme un vide. Méditer consistant à augmenter le temps entre deux pensées, l'expérience de la méditation permet de tendre vers le vide de la pensée et des désirs, facilitant l'émergence du spirituel.

Comment être heureux ?

Si l'on bâtissait la maison du bonheur,
la plus grande pièce serait la salle d'attente.
Jules Renard

En taillant leur pierre, les francs-maçons travaillent à l'amélioration de l'homme pour améliorer la société. C'est la Voie Royale qui peut conduire au bonheur. Le bonheur de se réaliser en participant à la réalisation de l'œuvre. Le bonheur de se rencontrer, de se découvrir, de se connaître, de se perfectionner, d'être fier de ses pensées et de ses actes. Le bonheur de répandre le bonheur autour de soi en contribuant au bonheur des autres. Le but de l'initié est le bonheur, écrit Carlos Castaneda, pas un bonheur de lapin dans un clapier, mais un bonheur d'aigle, au-dessus des montagnes.

Chercher la spiritualité pour le bonheur est de l'ignorance. Si je crois ne plus avoir de problèmes extérieurs, c'est une illusion. Mon bonheur est de vivre ma propre vie, notamment ma vie spirituelle. Le bonheur spirituel étend considérablement les possibilités de l'homme. Il est le seul accessible à ceux qui sont démunis de ressources. C'est un bonheur qui supporte d'être

30 La plupart des écoles initiatiques utilisent cette dimension dans leur enseignement en confiant aux novices les tâches ménagères les plus ingrates. « Tu veux le Ciel ? Et bien commence par nettoyer la Terre ! ». Sainte Thérèse d'Avila rappelait à ses religieuses : « Mes filles, cherchez Dieu dans vos casseroles ». Par ailleurs, la journée d'un moine se partage en trois parties égales : la prière, le matériel et le sommeil.

associé avec des souffrances physiques ou psychologiques, et celles-ci peuvent alors être surmontées et dépassées. Mais qu'est-ce que le bonheur sinon un chemin, un chemin de vie ? L'objectif de la vie est de vivre, c'est le chemin. La vie se suffit à elle-même. Mais s'agit-il d'être une personne vivante ou bien de faire quelque chose ? Etre mieux ou faire davantage ?

La célèbre réplique de Montaigne est claire : *« Je n'ai rien fait d'aujourd'hui. Quoi, n'avez-vous donc point vécu ? »* Mais on n'a pas du bonheur. On est heureux. Ou pas. Etre heureux devient ainsi un verbe d'action, un concentré d'enthousiasme. Encore faut-il savoir reconnaître et accepter le bonheur ainsi offert. Jacques Prévert nous rappelle que, souvent, nous savons que nous sommes heureux quand nous ne le sommes plus : *« J'ai reconnu mon bonheur au bruit qu'il a fait en partant ».*

Mon bonheur peut cesser alors que je ne peux pas sortir de la spiritualité. L'esprit est l'artisan de son bonheur. Ce que je peux décider est de changer mes habitudes de pensées, de paroles et d'action, en cultivant mon discernement et ma rigueur pour faire véritablement le travail sans complaisance et en vérité, dans l'amour de soi et des autres. *« Ne te reproche pas d'être heureux, c'est la vocation de l'homme, mais sois-le jusque dans la peine que tu te donnes pour l'être »* (auteur inconnu). Pourtant, le désir mimétique cher à René Girard me fait souvent désirer la situation que je suis en train de perdre et que convoite l'autre. Rechercher le bonheur serait ainsi un obstacle majeur m'éloignant de lui, en me donnant l'illusion de m'en approcher. En prendre conscience, c'est comprendre que le bonheur résulte d'une maîtrise de l'homme pour s'intégrer dans le rythme de la vie, au-delà des conflits de l'existence, dans la lumière de l'esprit et la paix profonde du cœur.

Rien ne nous est plus étranger que le bonheur des autres, ni plus enviable, ni plus hostile. Le bonheur ne va pas de soi, surtout pour celui qu'habite une exigence morale, la conscience de l'autre, du Bien, du Juste et du Beau sur laquelle se fonde notre humanité même. Comment puis-je être heureux si l'autre ne l'est pas aussi ? D'après le philosophe Alain : *« Ce que nous pouvons faire de mieux pour rendre heureux ceux qui nous aiment, c'est encore d'être heureux soi-même ».* Le bonheur est un maître exigeant, surtout le bonheur des autres, car en travaillant sur moi, je cesse de les polluer avec mes névroses et mes projections, et je concoure modestement à leur bonheur en n'étant plus à l'origine de leur malheur. Par contre, ma conception du bonheur ne s'applique qu'à moi-même et je dois éviter de faire le bonheur de l'autre malgré lui – d'ailleurs je ne le peux pas –, ce qui exclut tout prosélytisme et tout fanatisme.

Pour les bouddhistes la vie est souffrance, principalement par l'existence de la dualité. Le bonheur se conçoit alors comme cessation de la souffrance dont la forme achevée est le Nirvâna. L'homme ne peut être heureux que s'il est unifié, qu'il dépasse la dualité, comme les moines[31] tendent à le faire. La vie monastique s'efforce de replacer la multiplicité de la vie humaine dans la perspective de son unité. Les moines sont enracinés dans l'intériorité et rassemblés par l'unité de leur conscience. Heureusement, il n'est point besoin d'être moine pour être heureux.

Dans l'Ecclésiaste[32], il existe deux temps : d'une part le temps linéaire qui s'écoule et disparaît, celui du chaos entraînant par compensation notre aspiration à l'éternité ; d'autre part, le temps de la palpitation, de la gestation, de l'apprentissage, temps cyclique et répétitif, qui se concrétise dans les retours réguliers, celui des saisons par exemple. Le temps qui palpite est le temps de la vie, des instants où je me sens pleinement vivant. Mais le bonheur ne consiste pas à chercher à tout prix les moments de palpitation, même s'il nous appartient de les reconnaître quand ils se produisent. Le bonheur se vit au moment précis où se croisent le temps qui s'écoule et le temps qui palpite. Le bonheur ne serait rien d'autre que cette conversion à la lenteur du moment, pour dépasser le bonheur éphémère.

---

31 Moine signifie l'un, l'unifié.
32 Ecclésiaste 3, 1-15

« *Au jour du bonheur, soit heureux*[33] » c'est-à-dire, vit ton bonheur dans le présent. A ne pas confondre avec le divertissement qui nous renvoie à notre peur de l'ennui, paradoxe de nos pensées dans un monde foisonnant et connecté en permanence. Ce que nous nommons « ennui » est souvent le fait d'être confronté à nos propres pensées, sans échappatoire, c'est-à-dire au fond à la pensée de notre propre mort. Le divertissement pascalien nous mène à l'insouciance, le terme « pas de souci ou pas de problème » étant un moyen facile d'éviter la confrontation au réel.

Comme le demande notre rituel, ai-je trouvé le centre du vrai bonheur ? Je ne le crois pas mais je commence à entrevoir son existence, quelque part, sans doute à l'endroit et au temps où je me trouve à un moment donné. Le bonheur est une rencontre imprévisible, inattendue conjonction de soi et du moment. Le bonheur suppose donc à la fois une tournure singulière des événements et une disponibilité personnelle à le recevoir. Le bonheur, c'est quand je suis au centre de moi-même, dans un état d'équilibre intérieur, celui de l'âme, quand elle ne souhaite rien d'autre que ce qu'elle a. L'éternité deviendrait alors la dilatation extrême de mes meilleurs moments !

Personnellement quand suis-je heureux ? De plus en plus souvent même si mon mental me crée encore beaucoup trop de perturbations et que j'ai encore des difficultés à vivre pleinement le moment présent sans désirer être ailleurs. Je suis heureux en compagnie de Dominique ou dans le partage avec des amis, devant ce qui nous rassemble, dans la contemplation de la nature, en liberté, quand les éléments vivent autour de moi et me rappellent que je suis vivant, quand j'ai fait mon devoir, dans les séminaires que j'anime ou quand une émotion forte me relie aux personnes présentes. Si tailler sa pierre n'est pas travailler à son propre bonheur et à celui de l'humanité, je n'ai pas compris grand'chose à notre démarche maçonnique.

---

[33] Ecclésiaste 7, 14

La Charité maçonnique

Je veux connaître les pensées de Dieu ;
tout le reste n'est que détail.
Albert Einstein

La Charité nous porte à nous identifier à tout ce qui vit et souffre, dans une démarche écologique et empathique où chacun est relié aux autres, où l'Homme est partie intégrante de la Terre et la Terre un vaisseau sans doute unique naviguant dans le Cosmos. La Charité est la colonne vertébrale qui nous relie à la création en voie d'accomplissement, assurant ainsi l'équilibre et la pérennité de la vie. La Charité ne peut que se pratiquer. C'est arriver à sortir de soi et à se soucier d'autrui afin d'établir de vrais liens en prenant conscience que l'Autre existe et qu'il est fait de la même chair que moi. La Charité n'est pas une attitude spontanée. C'est une victoire intérieure, une violence dépassée et une construction progressive. Ainsi je peux cesser de donner la parole au mental pour gagner le silence intérieur, celui de mon cœur relié au moment présent et à ce qui advient, et celui de mon intuition ouverte sur l'éternel.

Comment affermir son Cœur et libérer son Esprit des liens qui l'asservissent ? Symboliquement, beaucoup de serments maçonniques se prennent la main droite posée sur le cœur et le glaive en main gauche, dans une complémentarité dynamique de nos polarités masculines et féminines, de l'agir et du non agir. Le non agir est bien l'indication que nous obtenons le résultat souhaité en sachant ne plus agir après avoir amorcé le processus initiatique. C'est l'un des sens de la recherche de la Parole perdue, cette quête immobile d'un espace-temps qui se trouve d'abord en chacun de nous. Notre vie profane et notre recherche initiatique nous enseignent que si le matériel est précaire, la vie et les décisions humaines le sont également. Seul l'Esprit, approché par la construction de notre vie spirituelle, nous ouvre une autre perspective temporelle, jusqu'à entrevoir l'éternité.

DOMINIQUE *Regard croisé*

L'éclat de rire fuse à la lecture de nos deux chapitres, tant la différence est patente ! On croit connaître l'autre mais il demeure une énigme. Pour ma part, je n'avais pas anticipé que Michel « plancherait » sur le bonheur. La béatitude fait certes irruption dans la vie quotidienne, mais pourquoi la rechercher si intensément, puisqu'il faut avancer sans autre but que le chemin lui-même ?

Je comprends que la maçonnerie ne m'ait jamais attirée : à mon âge, je préfère l'expérimentation directe aux châteaux de cartes ou autres spéculations intellectuelles. Et il me semble que le passage de la pensée à l'action se distancie, lorsqu'il faut autant phosphorer avant d'agir ou de ressentir... Mes études terminées, j'avoue ne plus m'être posée trop de questions sur le bonheur, car quand il est là, il envahit mon cœur. Et cela se produit chaque fois que je me rapproche de la source universelle dont nous sommes tous issus mais encore séparés : l'Amour.

Il est vrai qu'il existe une attitude franc-maçonne positive qui se manifeste dans les relations – surtout masculines – puisque la ségrégation pratiquée par cette tradition, impose aux femmes de fréquenter leurs propres loges. Néanmoins, c'est une attitude faite d'ouverture, de bonne convivialité, d'entraide entre les frères, qui chez certains, dépasse les frontières de la loge, mais qui chez d'autres y reste confinée.

Pour le catholique, le prochain est peut être justement celui qui ne partage pas vos idées. Rappelons aussi que la franc-maçonnerie, qui s'est constituée avant la Révolution française, a choisi pour devise *« Liberté, Egalité, Fraternité »,* trois valeurs développées précisément par la chrétienté depuis deux millénaires.

A contrario de ce que je viens d'exprimer, je suis heureuse que Michel soit un chercheur de vérité, car j'apprécie au plus haut point nos échanges, en particulier ceux qui ont trait à la vie spirituelle. Nos conversations dominicales, alimentées par les homélies, ont cimenté notre vie de couple. Je souhaitais rencontrer un compagnon avec qui je puisse discuter de Dieu, me voici comblée !

Si Michel ne faisait pas partie de cette confrérie, aurions-nous autant l'occasion d'échanger nos opinions, parfois contradictoires ? Je n'en suis pas sûre et lorsque la franc-maçonnerie éveille en moi de l'exaspération, je me souviens que grâce à elle, de nombreux frères entreprennent de polir leur pierre. Leur démarche, le plus souvent sincère, représente un énorme progrès par rapport à l'inertie d'autres hommes qui passent à côté de la spiritualité. Et puis, ne l'ai-je pas déjà exprimé précédemment ? Dieu agira...

Dominique a l'avantage de trouver des symboles chrétiens « à chaque coin de rue » et sur le parvis de Notre-Dame, ce qui facilite son rappel quotidien de la spiritualité. Je partage son émerveillement devant le miracle de la beauté de la nature et devant la cathédrale Notre-Dame à qui nous avons rendu notre première visite de couple marié. Les cathédrales *« déroulent en bandes dessinées le livre d'histoire de l'humanité pour l'instruction des fidèles »*. Les symboles maçonniques sont plus difficiles à trouver, à la fois par la discrétion structurelle de notre ordre mais aussi parce que la maçonnerie est plus récente et les frères moins nombreux que les catholiques. Le paradis ou la « vie suivante » correspondent à notre Orient éternel où se retrouvent les frères que nous accompagnons dans la mort physique. Ils restent dans notre cœur et nous rappelons régulièrement leur présence en esprit.

J'avais anticipé que Dominique consacrerait une part importante de ce chapitre à la communication, à notre relation et à sa dimension spirituelle. Malgré tout, j'ai choisi de traiter d'autres aspects, selon notre méthode : ce qu'elle apporte au quotidien, le bonheur et la Charité. J'admire profondément sa capacité à percevoir sa vie intérieure et à la traduire en mots clairs. Elle m'a beaucoup appris en ce domaine pour mieux identifier mon ressenti et oser l'exprimer à voix haute. A tel point que je commence souvent les séminaires que j'anime – en coaching ou développement personnel – par la phrase rituelle *« Que ressentez-vous ? »* Je viens de prendre conscience à l'instant de la source. Egalement, ce n'est pas par hasard si Dominique a exercé le métier de conceptrice-rédactrice en communication.

Je suis touché par l'image de notre fils spirituel qui *« existe dans les profondeurs de notre être »*. Notre recherche spirituelle consiste notamment à le laisser naître. Ce qui éclaire les statues de Marie tenant l'Enfant dans ses bras et donne tout son sens à la Fête de Noël où, lors de la nuit la plus longue de l'année, la lumière renaît, représentée par Jésus.

Dominique développe avec brio les concepts de pardon, d'ombre, de mal et de bien. Ce que je retiens surtout de nos longues discussions est cette image de Sainte Catherine de Sienne tenant son petit Diable par la main en conversant avec lui. Dominique semble plus douée pour le bonheur que moi, sans doute parce que j'éprouve encore des difficultés avec l'acceptation. A ma décharge et pour moins culpabiliser, beaucoup d'hommes doivent éprouver les mêmes sentiments. Par synchronicité, je trouve à l'instant une phrase d'Eric-Emmanuel Schmitt : *« Le but de la prière n'est pas de demander mais d'accepter »*. Je sais maintenant ce qu'il me reste à faire !

La bonne nouvelle est que, de cette difficulté personnelle à ressentir et à communiquer, j'en ai fait mon métier afin de me soigner et d'aider les autres dans ces domaines : je suis devenu consultant en communication, formateur en développement personnel et coach. J'accompagne donc mes clients pour qu'ils trouvent un sens à leur vie, identifient leur talent et travaillent leur ombre en l'acceptant davantage afin de s'enrichir de son potentiel. Cette situation crée un biais dans ma perception car ce qui pour Dominique est naturellement de la vie spirituelle au quotidien, devient très vite pour moi de la vie professionnelle.

7

Le spirituel dans la vie professionnelle

Les chemins vers lesquels nous avançons vers notre but peuvent être voilés de ténèbres, nous avons à réfléchir sur le sens de la vie. Ensemble nous avons à lutter pour élaborer une conception affirmative de la vie et du monde, dans laquelle notre penchant inné pour l'action puisse se justifier, s'orienter, s'approfondir, prendre un caractère éthique, et devenir ensuite capable de concevoir et de réaliser un idéal de civilisation inspiré par un humanisme véritable.

Albert Schweitzer

MICHEL

Le monde professionnel est actuellement confronté à une crise de la pensée qui conduit à de nombreuses méconnaissances. Submergés par une surabondance et une immédiateté d'informations de plus en plus parcellaires, nous peinons à les relier entre elles et à comprendre le sens global de ce qui nous arrive. Le système économique et militaire dominant le monde depuis plusieurs décennies, exacerbé par le développement récent du libéralisme financier, a envahi nos cerveaux et annihilé notre autonomie de pensée. Notre responsabilité dans la catastrophe qui se profile – réchauffement planétaire, montée des océans, disparition des espèces, développement de la pauvreté et des injustices… – est plus grande que celle des civilisations précédentes car, contrairement à elles, nous connaissons les conséquences de nos choix de vie collectifs. Le savoir a beaucoup progressé, pas la connaissance : il y a beaucoup de différence entre Pythagore et Einstein, très peu entre Pythagore et Sartre. Pourtant, nous ne sommes pas condamnés à entrer dans l'avenir à reculons et nous pouvons être les architectes de notre futur. Les cathédrales sont toujours debout – nous sommes les héritiers de leurs bâtisseurs – et la recherche spirituelle aboutit souvent à se réaliser soi-même par un engagement personnel dans l'action altruiste. Sans cette action, les injonctions maçonniques qui nous sont faîtes ne resteraient qu'à l'état de déclarations d'intentions.

Il s'agit notamment de remettre l'homme au cœur du dispositif professionnel, d'inventer une approche efficace pour réconcilier l'humain et l'économie, de considérer l'Etre humain non seulement comme la ressource mais également comme la finalité, et de passer de l'individualisme à la solidarité. Celle-ci, associée à la fraternité, est bien un investissement et non une charge. Alors, quelles actions mener pour que la mondialisation soit enfin au service de l'humanité et non des seules forces de l'argent ? Face à un monde matérialiste et cupide qui ignore ou méprise le spirituel, que pouvons-nous porter à l'extérieur de ce que nous vivons dans le temple ? Comment œuvrer au progrès de l'humanité dans le respect des convictions et des valeurs, les siennes et celles des autres ? Quelle démarche concrète proposer pour défendre la liberté de penser, s'opposer aux injustices et combattre vraiment pour l'homme, c'est-à-dire d'abord pour le plus démuni et non pour le plus puissant ? A quoi cela sert-il concrètement d'être franc-maçon dans le monde d'aujourd'hui ?

En tant que franc-maçon, l'un des sens de ce livre est pour moi de continuer à l'extérieur l'œuvre commencée dans le temple, en agissant selon nos principes de connaissance, d'amour et d'action. Il s'agit bien d'actualiser l'enseignement reçu en loge, de le concrétiser en agissant dans le monde, de donner à la recherche spirituelle toute sa dimension et sa raison d'être. Durant son parcours initiatique, le franc-maçon reste un homme engagé dans la cité. Car sinon, à quoi servons-nous ? Nous ne sommes pas des moines transformant le monde par nos prières et nos méditations. Nous avons des convictions et un idéal de justice, de fraternité, d'équité, de tolérance et de recherche du bonheur. L'un des rôles du politique et du spirituel – dont la franc-maçonnerie – est bien d'atténuer les injustices et les abus de pouvoir du système économique et financier.

L'homme au centre

Notre démarche initiatique maçonnique place l'homme au centre de nos recherches, lui donne un statut d'acteur alors que la science, par exemple, le laisse souvent à l'état d'observateur, extérieur aux expérimentations scientifiques. La science explique, la méthode maçonnique implique. Celle-ci est bien adaptée pour faire progresser le monde professionnel et notamment traiter la complexité, par la dynamique des interactions et la dynamique des ruptures qui rendent féconds les antagonismes du vivant et l'intelligence de l'homme. Comme nous l'avons vu, dès son initiation le franc-maçon est confronté par les symboles aux antagonismes de la dualité. Il apprend à les comprendre de l'intérieur, à les maîtriser et à les utiliser dans son quotidien. Le franc-maçon est aussi le spécialiste des ruptures. La rupture sollicite la conscience quand la monotonie l'endort. L'initiation est une rupture physique, sensorielle et psychologique qui facilite l'ouverture de la conscience. Le travail en loge est ainsi un laboratoire relationnel pour éprouver nos croyances – les changer si nécessaire –, adapter nos comportements et fiabiliser nos actions extérieures.

Nous avons vu que la maçonnerie était pour moi un laboratoire de vie au quotidien. Personnellement, j'ai choisi d'étendre cette attitude dans ma vie profane professionnelle afin d'en faire un laboratoire d'application de ce que je découvre en maçonnerie. Quelques mois après mon initiation maçonnique, je suis parti en Afrique noire pendant plusieurs années pour participer à la politique d'africanisation, notamment former les cadres africains au contrôle de gestion et au management. Mon orientation politique n'était pas nouvelle puisque, dès ma sortie d'HEC, j'avais construit le projet d'accompagner les paysans chiliens dans la mise en place de la réforme agraire décidée par

Allende. Sa mort, suivie par la dictature de Pinochet suite au coup d'état organisé par la CIA, m'a conduit à modifier le choix du continent mais pas mon désir de contribuer à la « transformation du monde ».

A la différence de beaucoup de « toubabs », les petits blancs qui m'avaient recrutés, les africains étaient naturellement mes frères, et considérer qu'ils étaient capables d'intégrer et de développer les techniques des européens était pour moi une évidence, confortée par mes premiers pas en maçonnerie. Je me souviens avec émotion de cette loge visitée à Abidjan en Côte d'Ivoire. Physiquement, les objets étaient à leur place, les frères m'accueillaient comme un ami d'enfance, le rituel me réconfortait : je me sentais chez moi. Je retrouvais les mêmes mots, la même lumière, les mêmes perceptions et la même fraternité qu'à Saint-Germain-en-Laye. Seule changeait la couleur de peau.

Mon parcours maçonnique m'a ainsi transformé et donné les moyens de réussir ma vie professionnelle en la structurant et en lui donnant une autre dimension centrée sur la relation humaine et l'ouverture à la spiritualité. Au niveau professionnel, j'ai conscience d'être une rivière alimentée par plusieurs sources : mes parents d'abord, le système scolaire et sa méritocratie personnalisée par quelques professeurs d'exception, Jodorowsky et ses perceptions fulgurantes, son ouverture à d'autres mondes et sa bienveillance, enfin la franc-maçonnerie. Sans les valeurs maçonniques, la rigueur de la méthode et la remise en cause de mes Frères, j'aurais bien sûr vécu et réalisé certaines choses, mais sans doute avec moins d'ampleur, de précision et de sécurité dans l'action. Par ailleurs, mon appartenance à cette confrérie comble mon besoin naturel de reconnaissance, compense mon manque de confiance en moi et équilibre mon attirance spontanée vers la solitude.

De la formation à la transformation

Lorsque vous travaillez, vous accomplissez
une part du rêve le plus lointain de la Terre.
Aimer la vie à travers le travail,
c'est être initié au plus intime secret de la vie.
Khalil Gibran, Le Prophète

Mon métier est de concevoir et d'animer des séminaires de formation en entreprise destinés à des managers et des dirigeants, pour développer leur intelligence collective et leurs capacités de management et de leadership. Il y a quelques années, j'ai créé une école pour former des coachs professionnels avec une orientation humaniste explicite. Je perçois mon action comme celle d'un architecte pédagogique, donnant l'opportunité à l'autre personne d'aller à l'essentiel et de rendre conscient ce qu'elle connaît déjà au fond d'elle-même. Grâce à ma pratique maçonnique, je peux ainsi construire un séminaire selon les principes d'un parcours initiatique – afin d'en approcher l'efficience de transformation –, un peu comme une tenue, avec des rituels d'ouverture et de fin, le respect de la parole de l'autre, une ouverture du cœur et un éveil spirituel présenté et accepté comme une recherche de sens et de finalité. La question du pour quoi faire y est ainsi plus importante que celle du comment faire. C'est ma façon personnelle de redonner à l'extérieur ce que j'ai reçu à l'intérieur de la loge. Il s'agit donc moins de formation – de transmission d'une forme, de mise en forme, de conformité ou de vérité dogmatique – que de transformation, par l'entraînement à la prise de conscience et à la responsabilité, à la liberté de penser, de ressentir et d'agir. La priorité est ainsi de désapprendre, de déconstruire et d'identifier les questions pertinentes à se poser sur le monde et sur soi-même, avant de chercher les solutions et les réponses éventuellement automatiques.

Nous[34] ne sortons pas « indemnes » de ce parcours car c'est une expérience de vie qui nous transforme de l'intérieur, ainsi qu'une expérimentation humaine stimulant les émotions avant une mise en actions. Ce qui facilite la découverte de nouveaux paradigmes et l'apprentissage de nouveaux comportements afin de se vivre architecte et acteur de son futur. Quelles conditions permettent cette transformation ? Se mettre au service des participants pour les accompagner dans leur autonomie et leur croissance. Se questionner sur le Monde afin d'aller vers plus de justice, de fraternité, de paix et de joie. Se remettre en cause, identifier ses restes de certitudes et travailler l'humilité. Dans ce contexte, l'intervenant ne peut transmettre que ce qu'il est, ses valeurs, son attitude, son comportement, sa congruence et son exemplarité sans modélisation – afin de respecter l'unicité et la liberté de chacun.

Mais l'humilité reste un art difficile, comme en témoignent les deux éclairages suivants.
- *« Moi, pour l'humilité, je ne crains personne ! »* Un moine andalou du 17ème siècle.
- Deux religieuses dans un taxi font un concours d'humilité. La première : *« Je suis la plus humble car je porte une robe de bure ». « Non c'est moi, lui répond la seconde, car je jeûne en permanence ».* Le chauffeur de taxi : *« Mes Sœurs je vous écoute et je vous admire, je me rends compte que je suis un moins que rien. »* Les religieuses, ensemble : *« Pour qui se prend-il celui-là ? »*

---

[34] Intervenants compris, notamment par les feed back des participants qui éclairent notre ombre et nous font progresser.

La fraternité

Ce que je fais n'est qu'une goutte d'eau dans l'océan,
mais si je ne le fais pas, cette goutte d'eau manquera.
Sœur Teresa

La franc-maçonnerie est fondée sur la fraternité et notre espoir utopique est de la voir un jour s'étendre à l'humanité entière. La fraternité est le lien qui nous unit et qui nous fait nous reconnaître différents. Non pas meilleurs ou plus intelligents, simplement différents. Ce qui fait que, dans une assemblée profane, nous nous reconnaissons assez facilement. La spiritualité n'existe pas sans la fraternité : chercher ce qui nous relie aux autres est plus utile que de s'arrêter à ce qui nous en sépare. *« La barbarie n'est pas l'autre, c'est le refus de l'autre. »* Les autres nous aident à sortir de notre chaos intérieur. La tolérance et la fraternité sont des forces plus constructives et puissantes que l'intolérance qui détruit et la haine qui désunit, même s'il est légitime de défendre sa vie physique et spirituelle afin de continuer à vivre. Leibniz définit bien la tolérance : « Tout système philosophique est vrai dans ce qu'il affirme et faux dans ce qu'il nie ». La tolérance maçonnique est bien l'intime conviction qu'autrui détient, tout comme moi, une parcelle de la Vérité. Tout système instituant la violence comme moteur et énergie de son fonctionnement exclut de fait la fraternité.

Depuis notre plus tendre enfance, nos parents et nos enseignants nous apprennent que, pour s'en sortir, il faut être le meilleur. Dès la maternelle, il est impératif de se placer en tête, d'être le premier, le champion. Par la suite, la société nous fait comprendre qu'il y a l'élite et les autres. En haut, les dirigeants et, en bas, les exécutants. La problématique des maîtres et des esclaves est toujours en vigueur, avec le pouvoir de vie et de mort des uns sur les autres, même s'il ne s'agit le plus souvent que d'une mort économique. La règle est implicite : il faut supprimer l'autre pour vivre. Nos sociétés sont régies par cet usage de la violence au quotidien. Au long de ce livre, nous avons montré que nier l'existence de l'autre c'est se couper d'une partie essentielle de soi-même. Si je refuse d'accepter ce qui ne me convient pas chez moi comme chez l'autre, comment faire alors pour progresser et vivre en plénitude ? Par ailleurs, tuer l'autre – qu'il s'agisse d'une mort physique, économique ou spirituelle – s'avère le plus court chemin vers le suicide collectif.

Pour vivre, nous avons besoin de l'autre. Impossible de devenir celui que nous sommes sans aller chercher – chez tous les autres, y compris les criminels et les tyrans – l'information nous concernant. Impossible de tisser les liens indispensables à ces échanges de « secrets » entre les hommes, sans l'estime et la reconnaissance de soi-même, du prochain et de toute la création. Une fraternité non universelle, une fraternité qui se constitue contre une partie de l'humanité peut-elle encore s'affirmer comme une fraternité ?

Résister à la tentation de la haine et s'enrichir de nos différences, c'est faire le choix d'une toute autre violence, celle de l'Amour et de la Fraternité. Etre fraternel est en effet un acte violent. Contre soi-même d'abord, en luttant contre ses pulsions primitives et les réflexes inculqués par le système. Contre le regard et le jugement des autres ensuite, pour résister à la pensée unique souvent manichéenne. Les pauvres sont la mauvaise conscience de la société marchande. « Salauds de pauvres ! » signifie que leur existence visible pollue notre « bonheur » hédoniste égoïste. La fraternité doit être également trans-générationnelle. Sommes-nous fraternels avec les générations suivantes ? Sommes-nous fraternels quand nous laissons le système économique dominant détruire le monde ? Quand nous léguons nos déchets nucléaires à nos enfants ? Quand l'écologie, le développement durable, l'économie solidaire et l'économie de communion ne sont que des curiosités réservées aux initiés décalés ?

Pour vivre la fraternité, notre méthode maçonnique nous indique que nous avons à combattre trois risques majeurs sur notre chemin : l'ignorance, le fanatisme et l'ambition. *L'ignorance* : ignorance de soi-même, de notre part humaine et divine à la fois, ignorance de l'Autre, de la meilleure partie de lui-même. *Le fanatisme* : notre désir de clonage, de construire l'Autre à notre image, de le rendre conforme à nos croyances et à notre intérêt, souvent dans une intention de prosélytisme. *L'ambition* : le goût du pouvoir sur les autres et de la manipulation. L'ignorance, le fanatisme et l'ambition sont encore bien présents et ne seront pas éradiqués de sitôt. Ils revivent en chacun de nous et constituent l'une de nos polarités. Il s'agit d'accepter notre part personnelle et celle des autres. Accepter ne signifie pas ne rien faire mais bien reconnaître la réalité humaine. Accepter signifie porter le combat sur les éléments qui dépendent de soi, notamment ses propres grilles de lecture du monde, ses croyances, ses pensées, son attitude, son comportement et ses actions personnelles. Accepter signifie contribuer à aider l'humanité à progresser sur tous les plans, mais d'abord sur le plan spirituel. La fraternité des Frères, c'est vraiment quelque chose ! Quand j'ai traversé des passages difficiles, il s'est toujours trouvé quelques frères pour m'apporter du réconfort et des conseils utiles. Nous terminons nos tenues par une chaîne d'union, afin de consacrer notre fraternité et de nous rappeler son existence à l'extérieur de la loge.

Le spirituel dans la vie professionnelle

DOMINIQUE

A vingt ans, je suis déjà au travail, dans une agence de publicité. Le métier de conseil en communication s'est imposé à moi par défaut. Celui de psychologue me tente après le baccalauréat afin d'exercer ensuite comme psychanalyste. Mais il faut compter cinq ans d'études en dépendant financièrement de mes parents. Or je souhaite quitter le domicile familial le plus rapidement possible et voler de mes propres ailes. Une école de publicité d'une année en Suisse allemande va me permettre de gagner cette indépendance si convoitée et une activité des plus variées, touchant tous les domaines économiques, en liaison directe avec la création artistique et, ce qui compte pour la paresseuse que je suis, sans prise de tête particulière. Tout en regrettant d'abandonner la voie de la psychanalyse, je trouve mon choix judicieux : un métier « amusant » dans l'air du temps, correctement rémunéré, qui tiendra à distance toute monotonie qui me fait fuir. Pourtant la nostalgie de ne pas avoir écouté ma première impulsion, m'a longtemps poursuivie. Jusqu'au jour où je me suis vue à la place d'un psy, écoutant à perte de journées tous les malheurs du monde sans pouvoir pour autant donner de conseils, puisque le patient doit trouver par lui-même son chemin. La conscience que cette patience et ce retrait n'ont jamais fait partie de ma personnalité plutôt impétueuse, m'a aidée à me détacher de ce désir non accompli.

Trois ans plus tard, j'ai fait le tour du métier que j'exerce et mesure peu à peu la perte que peut représenter pour le développement individuel l'absence d'études supérieures. Mon esprit n'est pas satisfait du niveau présent et demande ardemment à progresser. J'imagine alors de conserver mon emploi à mi-temps et d'entrer à l'université. Le choix de la faculté s'impose de lui-même : tous les sujets sociétaux m'intéressant au plus haut point, j'entre à l'Ecole des sciences politiques avec l'intention de décrocher une licence en sociologie. Cette option, qui prolonge naturellement mon métier de communicante, finit de convaincre mon employeur et j'obtiens un mi-temps modulable en fonction de mes cours. Je serai toujours reconnaissante à Louis Haas, d'avoir soutenu mon projet, acceptant les nombreux accrochages qui ont suivi, tant du côté des clients de l'agence, que des employés, jaloux de mes privilèges. Il avait donné sa parole et il a tenu jusqu'au bout, faisant face pendant trois ans aux griefs des uns et des autres. Ce dirigeant a pris à cœur le développement personnel d'une collaboratrice, estimant la parole donnée et la carrière d'une jeune femme plus importantes que les ennuis à supporter.

Trouver aujourd'hui une attitude plus spirituelle dans le monde du travail est difficile ! Et moi qui vantais les bienfaits de la méditation à l'agence, je ne percevais pas la leçon qui m'était donnée par mon propre patron. Autant pour moi !

Avec le recul, qu'ai-je apporté aux autres pendant mes quinze premières années professionnelles ? De mon point de vue, pas grand-chose à part le respect des personnes qui m'est inné, et à propos duquel je n'ai aucun mérite. J'étais considérée comme « l'emmerdeuse de service », relevant la moindre faille, exigeant de moi comme des autres la perfection. Si mon implication au travail m'a valu les félicitations de mes employeurs, ma dureté dans les relations, mes coups de gueule et mes mots tranchants m'ont attiré pas mal d'inimitiés, sauf de la part d'un cercle rapproché qui comprenait les deux versants de ma personnalité : une gentillesse innée mais une exigence phénoménale quant aux résultats.

J'avais coutume de critiquer, de rétablir le bon droit, de dénoncer les faiblesses, de fustiger les coups bas, de ne vouloir collaborer qu'avec les personnes qui partageaient mes vues et me manifestaient de l'amitié. « Dans la jungle, on applique la loi de la jungle » était ma devise pour avancer professionnellement. Dans ce domaine aussi, la vie allait m'apprendre tout autre chose.

Indépendance et écriture

Peu avant la naissance de mon enfant, je me détache de l'entreprise que je trouve comparable à un laminoir. Plus vous donnez, plus vous êtes essoré et, telle la carotte qui fait avancer l'âne, le niveau des exigences dépasse toujours les réussites. Même si les compensations sont nombreuses, rémunération, montée dans la hiérarchie, statut social, le dégoût finit par s'installer devant l'accumulation des objectifs à atteindre. La carotte que vous croyez saisir ne cesse de vous narguer. L'indépendance professionnelle et le statut de rédactrice free-lance m'apporte alors un répit bien venu pour élever mon enfant.

Dès lors, je ne rejoindrai plus l'entreprise. La rédaction en solitaire devant mon écran d'ordinateur me convient à merveille. Je peux me concentrer sans être interrompue ni par les visiteurs ni par les coups de fils intempestifs. Mon plus grand plaisir est de me relier par la pensée au domaine ou à l'objet que je dois promouvoir. Rapidement, les mots arrivent, tels des passereaux qui viennent se poser sur le fil immatériel de la page électronique. Je disperse les uns, je retiens les autres, leur insuffle une cadence et peu à peu se dégage une musique que je sais être unique. Cette œuvre de création m'enchante car je n'ai pas la sensation de travailler. J'écoute et j'ordonne ces mots amis que j'ai vu danser dans la Bible. Par la sélection que j'opère, ils parlent souvent de moi, mais qui s'en rend compte ? Ce jeu de miroir passe inaperçu, et c'est bien ainsi. Au fil des ans, mon travail s'apparente de plus en plus à une sorte de méditation faisant advenir dans le silence un monde de mots, une matérialisation soudaine de la réalité. Cette tâche contemplative, sans surveillance ni hiérarchie qui m'insupportent, occupe mes journées et m'apporte une énergie dont je ne saurais me passer. Et quand l'écran reste blanc comme neige, une promenade dans la nature relance la créativité défaillante. Quant aux contacts, ceux que me procurent les réunions avec les clients et les agences de publicité me suffisent. J'ai toujours préféré la qualité à la quantité. Le télétravail me soulage du poids des relations pas toujours satisfaisantes avec d'autres collègues. Mon troisième patron suisse, Christian Schmutz, avait si bien compris mon fonctionnement qu'il terminait les séances de travail par un « laissez-la faire » qui garantissait mon indépendance et ma tranquillité.

Le grand tournant dans ma vie professionnelle a lieu paradoxalement hors d'elle, dans le milieu associatif français, qui présente suffisamment de similitudes avec le monde du travail pour que je les assimile. C'est dans une association que je vais comprendre comment gérer les relations interpersonnelles et comment adopter une attitude chrétienne. Il m'a fallu auparavant traverser les épreuves que j'ai relatées et épouser Michel.

Lors de mon installation en France, les lois Pasqua à l'égard des étrangers, m'interdisent de travailler pendant l'année suivant mon mariage. Nous prenons donc l'habitude que je vive à la maison, m'occupant de l'enfant, travaillant un peu pour la société de Michel et écrivant pour mon propre plaisir. De ce fait, les contacts extérieurs se raréfient et après deux ans de catéchisme dispensé aux enfants des familles que nous connaissons, je pars à la recherche d'une association où côtoyer des Français, mon peuple d'adoption, et donner un peu de mon temps, voire dans la mesure du possible, de mon savoir-faire.

Bénévolat en prison

En assistant à une messe un samedi soir pendant le Carême, je reçois un feuillet d'invitation à une conférence donnée par le président des Amis de la Centrale de Poissy (ACP). D'emblée, l'idée d'entrer dans cette association d'accueil pour les familles des détenus me parle et, la semaine suivante, j'assiste à la causerie. J'ai déjà éprouvé, comme lors de cette soirée, la sensation surprenante de me trouver sur la même longueur d'onde que le conférencier, de partager parfaitement ses vues et de me sentir, sans raison apparente, en famille, un paradoxe pour moi qui ai rencontré tant de difficultés avec mes parents de sang. Ces bons augures me font entrer dans l'association où j'apprends, pilotée par un ancien, les codes de l'accueil. Nous appartenons à la France laïque et il n'est pas question d'afficher notre foi chrétienne, même si la plupart des membres de notre petite communauté la partage. L'absence de signes religieux est d'autant plus recommandée que nous accueillons des personnes de toutes confessions, notamment de religion musulmane, dont la sensibilité aux questions religieuses est épidermique. Petit à petit, je parviens à surmonter ma timidité, qui reste l'une de mes constantes faiblesses, et à me sentir à l'aise avec les femmes qui viennent chaque semaine au parloir rencontrer leur détenu, que ce soit un mari, un fils, un membre plus éloigné de la famille ou un ami.

Ces femmes, je les trouve formidables. Elles font preuve d'une fidélité exemplaire, d'un courage invincible face au mépris de la société, aux regards et aux réflexions parfois désobligeants des surveillants de prison. Incroyable injustice : à l'intérieur même de la prison, ce sont elles qui paient souvent les écarts de conduite de leur détenu. Je les trouve supérieures à certaines chrétiennes bien pensantes de l'association, qui se permettent d'évoquer devant elles, leurs sorties au théâtre de la veille ou leurs prochaines vacances à l'étranger. Ce manque d'égard devant des femmes aux moyens extrêmement limités m'a toujours atterrée. Comment ces accueillantes, au besoin compulsif d'affirmer leur supériorité en toutes occasions, ne comprennent-elles pas qu'elles s'abaissent en croyant dominer les autres ?

Néanmoins, plusieurs de ces extraverties font merveille dans la petite salle d'attente, installant une ambiance un peu superficielle mais légère, dans ce milieu carcéral si pesant. De mon côté, en bonne introvertie, je ne parviens qu'à créer des relations personnelles à partir d'une sympathie spontanée. Ou tout au mieux à lancer une conversation générale sur les grands sujets de société, pour faire oublier aux familles, ne serait-ce que quelques instants, leur angoisse avant le parloir.

Témoignages de femmes

C'est ainsi qu'en trois ans – la Centrale de Poissy est réservée aux longues peines – je finis par connaître un certain nombre de femmes, avec qui j'échange régulièrement des confidences. Ces quelques minutes de conversation intime ne me suffisent plus, j'aimerais connaître davantage leur vie, leurs antécédents, les difficultés auxquelles elles sont confrontées au quotidien. Je souhaiterais comprendre à la fois leur parcours psychologique personnel et les répercussions provoquées par l'incarcération d'un proche. C'est ainsi que me vient le projet de rassembler dans un ouvrage, les témoignages des mères, femmes, filles, sœurs et amies de détenus que je côtoie. Je répondrais de cette manière à ce qui m'avait été soufflé de l'intérieur « Tu écriras un livre » à la sortie de la messe de Carême où j'avais appris l'existence de l'association. Cette injonction prémonitoire – une de plus – m'avait laissée sceptique sur le moment, ne sachant comment l'expliquer, ni comment y répondre.

Il me faut maintenant annoncer mon projet à l'association et en tester la validité par quelques interviews d'essai. Je dispose d'une bonne argumentation en faveur de la collecte de témoignages. A chaque réunion de l'ACP, nous rapportons les problèmes familiaux dont nous avons entendu parler, mais cette évocation de cas particuliers ne débouche jamais sur une vision générale du parcours des familles qui ont un proche en détention. Un portrait de groupe nous permettrait de mieux cerner le stress psychologique de nos visiteurs et d'y répondre de manière plus adéquate.

Mais je ne peux me défaire de l'intuition que ce projet de livre va être combattu par la Présidente, qui n'a guère fait d'études, et le petit cercle des extraverties auquel je n'ai jamais fait allégeance. Je décide de prendre la tangente et d'informer dans un premier temps notre ex-président, précisément celui dont la conférence m'a émue et qui m'a fait entrer dans l'association. Il me donne son aval pour quelques interviews d'essai. Deux femmes du parloir acceptent volontiers de se confier et rapidement, je mesure la richesse de leurs confidences. La règle du jeu que je propose s'avère pertinente : leurs noms seront tenus secret, seul leur vécu sera retranscris, l'impasse sera faite sur le détenu et les raisons de son incarcération.

Le moment est venu d'informer l'ACP de la faisabilité du projet et je m'y lance, soutenue par l'ex-président. Un raz-de-marée n'aurait pas fait davantage de dégâts ! Aussitôt, notre placide association se scinde en deux camps qui montent aux barricades. Dans cette querelle des Anciens et des Modernes, les premiers sont particulièrement virulents : je suis accusée d'avoir agi sans autorisation préalable, d'avoir menti, de chercher à faire de l'argent sur le dos des familles, de gêner le travail associatif, de contrevenir aux règles de la confidentialité... Mon intuition était donc bonne. Face à un tel déferlement, mon mouvement premier est de fuir, d'autant plus que je suis accusée injustement. Mais au fond de moi, je sais que cette confrontation n'est pas là pour rien. Dans le passé, j'ai toujours lâché prise devant la difficulté, surtout lorsqu'elle émane des femmes. J'ai pris la fuite faute de savoir m'imposer, de défendre ma place. Le combat m'est à nouveau proposé pour que cette fois-ci, j'apprenne à riposter et, en ne m'avouant pas vaincue d'avance, à gagner la partie. De même que je ne pouvais renoncer à vivre avec Michel, je ne peux ici me dérober, sauf à me désavouer moi-même.

Riposter mais avec quelles armes ? Je n'ai pas celles de l'Amour, je n'en suis pas là dans mon parcours personnel. Mais je sais que je ne veux pas tomber dans les basses manœuvres qui consisteraient à gagner des partisans, à fomenter un petit groupe de pression qui me soit favorable et à parachever ainsi la scission de l'ACP.

Foi, espérance et charité

Je décide de combattre seule, avec ma bonne foi, sans exercer de jugement sur les personnes qui m'attaquent, en ayant à l'esprit leur talent personnel, que je n'ai pas, et leur apport positif à l'association. *« Celui qui unit est avec moi, celui qui divise est contre moi »*, dit le Christ. Si mon projet suscite la controverse, mon attitude personnelle n'attise pas les désaccords. Je quitte certaines réunions les larmes aux yeux car la tempête connaît des récidives, je tombe même dans les escaliers en me foulant gravement la cheville, mais je n'attaque pas mes détracteurs. J'essaie de comprendre leurs arguments par rapport à leur histoire personnelle. J'obtiens, souvent sans même les demander, des informations qui me font comprendre les ressorts psychologiques de chacun et m'aident à passer outre. Michel, avec sa connaissance des groupes et de la psychologie, me sera d'un grand soutien. Il m'éclaire sur les phénomènes de projection, ces mouvements inconscients qui amènent une personne à projeter sur une autre ses propres rejets intérieurs. Ainsi, une personne attirée par l'argent sans se l'avouer, aura-t-elle tendance à reprocher à son vis-à-vis le même intéressement. J'apprends ainsi à me détacher et à trouver dans les accusations qui me sont portées, le reflet du psychisme des autres.

Finalement, ayant obtenu de justesse l'accord des membres fondateurs de l'ACP, je poursuis la collecte des témoignages avec l'espérance que l'intérêt intrinsèque du livre œuvrera pour moi. Avant chaque rencontre avec les femmes qui témoignent, je confie ce moment au Seigneur, lui demandant la grâce d'être à son service. J'en ai d'ailleurs fait de même avant chaque accueil à la prison. Et lorsque le courant passe, lorsqu'affleure la sensation de débloquer une situation, de relâcher par le dialogue des tensions ou des souffrances trop enfouies, le bonheur est présent.

Au cours de la réalisation de l'ouvrage, j'ai à plusieurs reprises le sentiment de vivre les trois vertus théologales : la foi, l'espérance et la charité. J'ai foi dans l'aide du Seigneur et dans les personnes qui se confient, j'espère que la situation personnelle de chacune évoluera positivement et que le travail de revisiter le passé leur sera utile. Enfin, toute écoute empathique puise indubitablement à la source de la charité.

Et j'arrive à mes fins : le recueil voit le jour et me vaut même des compliments de la part de mes plus farouches opposants. L'histoire finit bien ; elle a surtout été pour les femmes du livre et pour moi d'un apport inestimable.

Parlons tout d'abord des femmes du parloir. Ne pas pouvoir exprimer sa douleur, se cacher aux yeux de la société, entrevoir de longues années de pénitence copartagée avec le détenu, est un fardeau extrêmement lourd à porter. En se confiant, ces femmes se sont autorisées à être reconnues, parfois dans leurs faiblesses, mais surtout dans leur vaillance. Le livre leur a apporté la reconnaissance de leurs souffrances et celle de leur transformation intérieure. Car chacune d'elle a vécu, au travers des épreuves, une mutation profonde. On ne sort pas indemne d'un tel parcours mais, comme nous l'avons déjà évoqué, une mort entraîne une renaissance. Ces femmes témoignent ainsi de leur initiation à un dépassement de soi qui débouche immanquablement sur l'amour d'autrui. Pour elles, le travail intérieur est largement accompli. Elles sortent debout de l'épreuve, le cœur ouvert ; elles peuvent laisser le passé en arrière et avancer vers la Vie. Rendre compte de cette transformation prodigieuse de l'Etre m'a passionnée tout au long de cette rédaction.

Le détachement

De mon côté, j'ai aussi vécu une initiation supplémentaire. Face à l'adversité, j'ai tout d'abord accepté de ne pas être aimée. Je me suis détachée d'une recherche affective qui teintait l'ensemble de mes relations. « Si vous cherchez de l'affection, achetez-vous un chien, d'ailleurs j'en possède deux... », recommandait un chef d'entreprise à ses collaborateurs. L'affectivité n'a pas sa place dans les relations de travail ; elle aurait même tendance à les fausser. J'ai donc appris à travailler avec des personnes qui ne m'aiment pas et que je n'aime pas beaucoup. C'est pour moi une révolution car jamais auparavant, je n'aurais imaginé collaborer sans affrontement avec des personnes antipathiques à mes yeux.

J'ai également pris l'habitude de ne pas juger. Au cours de mes entretiens avec les femmes, j'ai mesuré l'extraordinaire efficacité du non jugement. Cette attitude qui m'a tenu lieu de guide, a opéré des miracles. Non seulement les personnes se sont senties libres de raconter leur vécu, parfois de confesser leurs erreurs, mais elles ont été rétablies dans leur dignité. Le non jugement dénoue les liens, casse les chaînes, ouvre les portes à la reconstruction et à la guérison intérieure. Reconstituée dans ses potentialités, la personne « ressuscite » et peut regarder l'avenir. Ce non jugement inconditionnel se fonde sur le respect de la personne, cette porte d'or qui ouvre la voie de la confiance.

Talents individuels

« Il y a toujours une chose qu'un individu fait mieux que tous les autres ». Cette phrase recueillie il y longtemps au cours d'une lecture, s'est imprimée en moi. Je l'ai d'abord prise pour moi-même : elle m'a aidée à discerner ce que je savais bien faire et à construire sur cette capacité que les autres percevaient parfois avant moi. Je l'ai ensuite appliquée aux autres et là, quelle avancée ! La personne reconnue dans son talent, se sent soudainement valorisée. La qualité de la relation prend alors une couleur lumineuse et c'est avec un enthousiasme et une bonne volonté décuplés qu'elle apporte sa participation.

Dans la Première Lettre aux Corinthiens, Saint Paul utilise la belle métaphore du corps du Christ – c'est-à-dire de l'humanité – pour expliquer l'utilité de chacun : *« Mais, de fait, Dieu a placé les membres, et chacun d'eux dans le corps, selon qu'il a voulu. Si le tout était un seul membre, où serait le corps ? Mais, de fait, il y a plusieurs membres, et cependant un seul corps. L'œil ne peut donc pas dire à la main : « Je n'ai pas besoin de toi », ni la tête à son tour dire aux pieds : « Je n'ai pas besoin de vous. » Bien plus, les membres du corps qui sont tenus pour plus faibles sont nécessaires. »*

Ainsi en se focalisant sur la qualité particulière d'une personne, il est possible de construire une collaboration efficace où entrent pour très peu les questions de préférences personnelles, de sympathie ou d'antipathie naturelles. Dans les relations professionnelles que j'ai tissées dans ma jeunesse, j'ai malheureusement donné priorité aux atomes crochus plutôt qu'à la reconnaissance de la différence, de l'efficacité ou de la performance individuelle. Je mesure aujourd'hui quelles pertes j'ai accumulées.

Enfin, le sens de l'action engagée est le ciment de toute association, qu'il s'agisse d'un groupe, d'une famille ou d'un couple. C'est l'esprit qui fédère les individualités, qui les soude sans pour autant les confondre. Il est évident que recevoir des familles de détenus prend davantage de sens que la production de biens de consommation. Mais même dans les entreprises dont la finalité initiale reste de faire vivre les employés, je suis persuadée que les dimensions qui viennent d'être évoquées, peuvent apporter un renouveau dans les relations et le plaisir au travail. En voyant dans chacun les membres d'un seul corps aussi utiles les uns que les autres, l'action commune prend tout son sens. Je regrette simplement de l'avoir découvert si tard.

Pour conclure ce chapitre, le livre consacré aux familles de détenus m'a poussée à exercer mon propre talent sans me laisser dérouter par des tentatives d'intimidation venant essentiellement des femmes. J'ai suivi mon chemin, tracé ma route en croyant à mon projet et aux familles qui m'ont suivie. Le recueil a éclairé de façon singulière la cohérence de mon parcours. A travers lui, j'ai été à la fois communicante, sociologue, « psychanalyste » et rédactrice, ces métiers que j'ai exercés ou rêvés de pratiquer. Je souhaite à chacun de chercher puis de discerner la cohérence de son existence. Tout se tient, tout est lié, les vœux comme les actions, le spirituel et le matériel. En ce sens, je crois profondément que nous sommes tous exaucés pour autant que nous fassions émerger nos désirs profonds, pour autant que *« votre oui soit un oui, et votre non un non »*, comme le recommande le Christ, Matthieu 5, 37.

Comme le montre clairement Dominique, le comportement d'une personne dans sa vie professionnelle est un bon moyen d'évaluer la réalité de son évolution spirituelle. Bien que les organisations marchandes et même non marchandes ne rassemblent pas que des altruistes humanistes, la moindre des choses est de rechercher un minimum de cohérence entre ses valeurs personnelles, son orientation spirituelle et ses actions, ce que les psychologues appellent alignement ou congruence. Le spirituel ne protège pas des erreurs comportementales, car la perfection n'est pas de ce monde. Comme le rappelle C. G. Jung, « Il vaut mieux être complet que parfait ».

Notre ombre et nos angles morts font partie de nous-mêmes et constituent aussi notre richesse créative, dès l'instant où nous apprenons à les apprivoiser. C'est pourquoi un travail thérapeutique personnel me semble indispensable afin d'approfondir et de fiabiliser sa recherche spirituelle. Quand Dominique indique *« qu'une attitude plus spirituelle dans le monde du travail est difficile »*, en parlant de son premier patron, elle met également en exergue une autre qualité souvent associée à l'expression concrète de la spiritualité : le courage.

Les relations de Dominique avec l'association ACP m'ont éclairé sur la psychologie du monde associatif. Par manque d'expérience et de réflexion, j'étais persuadé que les bénévoles des associations étaient des clones de l'Abbé Pierre ou de Sœur Emmanuelle, avec certes leurs petits péchés mignons personnels, mais bien au-dessus du fonctionnement habituel des personnes moins engagées, notamment des acteurs de l'entreprise. Je me suis rendu compte que l'entrée dans une association peut aussi servir les intérêts inconscients du bénévole : projection psychologique, compensation des autres sphères de sa vie, voire dans les cas extrêmes, champ d'application de ses perversions.

Les mêmes phénomènes existent évidemment en entreprise, comme en témoignent les nombreux cas de harcèlement, médiatisés ou non. Mais dans ce domaine celle-ci présente un avantage sur l'association de bénévoles, car ses moyens de régulation sont plus nombreux. D'abord ses contraintes économiques – envisagées pour une fois en positif –, puis les enjeux économiques individuels – recevoir un salaire que l'on peut perdre incite à la retenue –, enfin la visibilité médiatique et les processus de contrôle de l'organisation qui sont souvent plus efficaces en entreprise que dans le cadre associatif.

La vie professionnelle de Michel m'a toujours comblée. Quoi de plus beau et de plus productif que d'agir sur l'humain, d'éveiller les consciences, de rapprocher la personne de son être profond. Je n'ai jamais participé à ses séminaires en tant qu'animatrice – je n'en ai pas le talent – mais j'ai partagé sa vision du métier de formateur, ses engagements et ses convictions politiques. J'avoue que cette longueur d'onde analogue est un ferment et un bonheur dans la vie de couple.

Je crois profondément que sa vie maçonnique a influencé positivement son action professionnelle. Les effets du rituel dont il a parlé – l'écoute, le respect de l'autre, la fraternité – agissent concrètement sur les relations interpersonnelles. Alors que dire en contrepoint ? Mon métier m'a davantage appris et formée que l'étude. J'ai toujours expérimenté d'abord et lu ensuite des ouvrages sur ce que la vie m'avait enseigné. Il s'agit donc du mouvement inverse que celui relaté par Michel.

Dans la vie professionnelle comme dans la sphère familiale, j'ai parfois senti une certaine césure entre la réflexion maçonnique et le quotidien, comme si la transformation restait à un stade superficiel, sans infléchir profondément le comportement. Il faut se méfier des beaux discours qui tournent à la complaisance... Et quelle surprise lors de certaines tenues ouvertes, de constater que la communication entre les frères ou avec les profanes, n'est pas au rendez-vous. Comme si la culture du secret, l'observation du rituel retenaient de s'ouvrir au prochain dans la simplicité.

A ce propos, j'ai envie d'évoquer les confidences spontanées de certaines épouses sur leurs difficultés à vivre avec un mari francs-maçon. Pour plusieurs d'entre elles, la confrérie s'est imposée en rivale dans leur couple. Jeunes mariées, elles voyaient leurs époux enchaîner les tenues en soirée, ne tenant compte ni de leur désarroi ni de leur solitude. Malgré leurs demandes d'échanges sur le travail en loge, les époux se sont retranchés derrière l'obligation du secret. La coupure qui s'est installée ainsi dans les couples, a été à l'origine de souffrances familiales. Je n'ai heureusement pas vécu la même situation, Michel ayant toujours été disposé à parler des finalités des tenues et de ses travaux personnels. Lorsque la franc-maçonnerie menaçait d'empiéter inconsidérément sur le temps réservé à notre couple, il a su donner priorité à la vie familiale.

Au final, je réaffirme mon regret tenant à l'éviction de la prière et de la personne de Jésus dans la formation maçonnique. *« Je suis la porte »* dit le Christ. Oui, il est la seule porte à emprunter car il offre le modèle parfait à imiter. Prier, se confier à Lui dans un dialogue au plus profond de notre être n'est pas substituable à un travail intellectuel. L'Esprit saint ouvre sur une connaissance intime des événements et des autres. Et disons-le tout net, je regretterais de m'abreuver à d'autres sources que le Christ ou les Saints. Il faut dépasser ses exigences personnelles souvent timorées ou complaisantes, regarder plus loin, aussi haut que possible, pour avancer spirituellement. En fixant le Christ, nous n'aurons pas la tentation de déraper vers l'orgueil, ni de nous prendre pour le Créateur : devant le Seigneur, l'humilité est de mise.

Conclusion

Quand tu es arrivé en haut de la montagne, continue à monter.
Le Tao

MICHEL

J'ai toujours choisi la discrétion sur mon appartenance maçonnique. Ce livre est une rupture qui m'expose. Mais ma vie professionnelle arrive à son terme et le risque d'ostracisme est faible. Et puis, c'est un honneur d'être franc-maçon et je suis fier de partager clairement mes convictions. Par rapport à mes Frères, ai-je trahi des secrets ? Je ne le crois pas car mes sensations et mes pensées m'appartiennent. L'initiation ne peut se transmettre qu'en direct, d'une personne à une autre. Les informations factuelles sont déjà abondamment exposées dans les livres de vulgarisation en vente libre. Et l'exclusion maçonnique n'existe que pour des raisons financières profanes !

Récemment, j'ai pris conscience qu'il ne m'est pas demandé de transmettre ce que j'ai cru comprendre de la vie – comme pourrait l'autoriser mon « grand âge » – mais bien de vivre pleinement ce que la vie m'offre aujourd'hui en contribuant ainsi à la construction du bonheur de mes proches et, par ricochet, des plus éloignés. Ces deux approches sont d'ailleurs complémentaires puisque seul le vivant transmet et ne peut transmettre que le vivant. Notre livre s'inscrit bien dans ce mouvement. Il représente d'abord une tranche de vie intense avec mon épouse, une co-construction confrontante qui nous a procuré beaucoup de plaisir pendant les neuf mois de sa rédaction. Et tant mieux si les mots choisis nourrissent également le lecteur et si certains en font leur miel.

Sur le fond, ma conviction est que les différences entre les approches catholiques et maçonniques ne sont que le résultat artificiel des intérêts et des limites humaines. Elles sont donc très ténues, voire inexistantes au regard de Dieu. Maître Eckhart, un dominicain, écrivait : *« L'œil par lequel je me vois et l'œil par lequel Dieu se voit sont un seul et même œil ».* Jésus nous affirme : *« Le Royaume des Cieux est en vous ».* Par ailleurs, l'échec du scientisme confirme qu'une société uniquement rationnelle devient rapidement inhumaine. L'homme a donc besoin du concept de Dieu, qu'il y croie ou non, pour donner un sens à sa vie et mettre de l'éthique dans ses actes. Et les chercheurs de l'Esprit boivent souvent à la même source : celle de la Vie et de l'Amour.

DOMINIQUE

En commençant ce livre, j'avais l'intention de montrer la suprématie indiscutable du catholicisme sur toutes les autres voies spirituelles. Cette écriture commune m'a conduite vers davantage de tolérance. Comme le lecteur l'aura saisi, le cœur de cet ouvrage bat au rythme de l'initiation : une initiation voulue, recherchée dans la franc-maçonnerie, et l'initiation intérieure, déclenchée par la grâce, ce don de Dieu qui ouvre à la Vie. La frontière qui me semblait si nette au départ, est devenue plus floue. A qui cherche, la réponse viendra... La quête peut donc commencer dans la franc-maçonnerie. *« Se retrouver avec des hommes qui expriment des idées uniquement pour le plaisir, au prix d'un travail intellectuel intense, est une démarche exceptionnelle. »* L'appréciation de Jean Clerchon, ancien dignitaire de la GLDF, est aussi la mienne. Comme le franc-maçon, le chrétien est invité à travailler sur soi, première condition pour gravir les échelons spirituels. Dieu agira ensuite...

J'espère cependant que j'aurai réussi à persuader le lecteur que l'âme attachée à la chair doit être nourrie comme cette dernière, sous peine de péricliter et d'entraîner l'individu vers la vraie mort – non pas la mort physique qui n'est qu'un passage –, mais la mort spirituelle. Il nous faut donc choisir impérativement une voie et le lecteur trouvera la sienne.

Le sens de la vie chrétienne est la connaissance de Dieu, il n'y en a pas d'autre. Certaines personnes ont la foi, d'autres au travers de leur vie cumulent la foi et la certitude que Dieu existe. *« C'est une mystification destinée à soumettre les gens »,* dirait ma voisine, persuadée que l'Au-delà n'existe pas. Cette réplique qui reprend l'idée d'opium du peuple chère à Marx, illustre bien le pouvoir de l'esprit. La négation ferme irrémédiablement les portes. Tout ce que la Providence pourrait inventer pour se manifester, sera nié ou rejeté. Quel gâchis ! La curiosité pour les choses invisibles, la recherche d'une cohérence, l'espérance dans la Vie elle-même ouvrent grand les sens sur une dimension imprévisible, cachée au départ, qui donne toute son amplitude et sa beauté à notre vie terrestre. *« Ne croyez rien que vous n'aurez expérimenté »,* recommande le formateur Pierre Pradervand qui enseigne l'art de la bénédiction. J'espère que ce livre en aura été la démonstration. Mais encore faut-il s'autoriser soi-même à expérimenter...

Tout en rédigeant cet ouvrage, j'ai plongé dans celui de F. David Peat, intitulé Synchronicité. En s'appuyant sur les recherches récentes de la physique quantique, il développe l'idée qu'au-delà de l'esprit et de la matière, existe une multitude de niveaux subtils, constitués de systèmes d'information sophistiqués qui s'entrecroisent et mettent les niveaux en relation. Ces systèmes modèlent la matière et en retour, sont influencés par elle. Ils émaneraient d'une source créatrice universelle, dont l'intelligence les ordonne et les alimente. Cette vision n'est-elle pas à même de rassembler scientifiques et religieux ? Elle évoque la fameuse échelle de Jacob, où les anges montent vers le ciel, apportant à Dieu les informations de la terre et redescendent pour faire connaître aux hommes ses divins desseins. C'est ainsi que nous sommes tous reliés à la Source trinitaire. Chaque personne, chaque acte et chaque parole dispensent une énergie qui retentit sur les champs informatifs de l'univers. En conséquence, n'est-il pas indispensable de filtrer ce que nous émettons et de ne diffuser que le meilleur ?

Au fil des pages, j'ai beaucoup insisté sur la différence fondamentale qui existe entre la franc-maçonnerie et le catholicisme. Dans la première, l'homme est centré sur lui-même, comptant sur sa propre puissance pour s'élever. Dans la religion chrétienne, Jésus nous enseigne à nous oublier pour les autres, à servir, à faire la volonté du Père. L'esprit est donc modelé de façon complètement différente par l'une et l'autre voie. *« Les fils de la lumière font voir les œuvres de Dieu »* Jean 3,21. Leurs œuvres émanent de Dieu et non d'eux-mêmes et, de ce fait, acquièrent une profondeur d'éternité.

Dernièrement, j'ai dû renoncer à certaines possessions matérielles que je considérais comme constitutives de ma personnalité. En abandonnant ces désirs qui m'habitaient depuis l'enfance, je me suis demandé ce qui allait rester de moi. J'ai eu la réponse : il me reste la Vie, son mouvement, sa richesse, sa beauté, sa profusion qui n'ont rien à voir avec les biens matériels.

Ce dépouillement des ambitions pour une approche plus simple, plus émerveillée de l'existence, voilà notre horizon aujourd'hui, à Michel et à moi. Le lecteur aura compris ce qui nous unit au plus profond : la quête du spirituel. Et clin d'œil de la Providence, nos deux prénoms contiennent en eux-mêmes l'explication de notre attirance. Michel signifie *« Qui est comme Dieu ? »* et Dominique *« Qui appartient à Dieu ».* De notre union, ne naît-il pas une éternelle conversation sur le divin ?

Annexe

Synthèse historique de la franc-maçonnerie

En France, les premiers francs-maçons sont apparus dès la fin du XVIIème siècle avec les régiments stuartistes écossais, réfugiés principalement à Saint-Germain-en-Laye. L'un des textes fondateurs de la franc-maçonnerie, connu sous le nom de Constitutions d'Anderson, fut rédigé en 1723 par deux pasteurs britanniques, James Anderson et Jean-Théophile Désaguliers, à partir des textes traditionnels des maçons de métier. La *Free-masonry* se répand alors très rapidement en Europe. La première Loge attestée à Paris date de 1725 et la Grande Loge de France se crée en 1728. En 1738, le pape Clément XII condamne ce mouvement qu'il considère comme sacrilège et excommunie les francs-maçons parce qu'ils sont hérétiques. Le Chevalier de Ramsay, un écossais, introduit une forte spiritualité fondée sur le métier des armes et rattache l'histoire de la maçonnerie à celle des croisades, prélude au développement des hauts grades. De nombreux protestants revenant en France à partir de 1760 sont des francs-maçons initiés en Suisse, contribuant ainsi à l'implantation de la franc-maçonnerie en France. Le Grand Orient de France (GODF) est créé en 1773, à partir d'un schisme avec la Grande Loge de France (GLDF). Les francs-maçons participent activement aux révolutions américaines et françaises et contribuent, ultérieurement, à la survie de la République ainsi qu'à l'adoption de la devise : Liberté, Egalité, Fraternité.

En 1875, une majorité de Suprêmes Conseils d'Europe se réunit en convent à Lausanne, adopte un texte de compromis sur la relation entre Dieu et le Grand Architecte de l'Univers (GADLU), et définit clairement ce qu'est la franc-maçonnerie :

« Un ordre traditionnel et initiatique dont le but est le perfectionnement matériel et spirituel de l'humanité ». Sous l'impulsion d'Adolphe Crémieux, cette nouvelle synthèse *« permet d'assurer la spiritualité du rite et la possibilité d'une transcendance pour chaque Frère, sans lier cette transcendance à une référence religieuse particulière, et permettant de penser que la transcendance peut être vécue au sein de l'immanence de leur propre vie dans le monde profane ».* A la Grande Loge de France, l'initiation se fait sur le volume de la loi sacrée : la Bible pour les chrétiens, le Coran pour les musulmans et une page blanche pour les personnes qui ne croient en aucune religion. La liberté de conscience est ainsi préservée. L'absence d'intercession entre la spiritualité et les textes rapprochent les francs-maçons des protestants. Le calvinisme a joué un rôle important dans le développement de la maçonnerie. Par la suite, au XIXème siècle, les protestants français, comme les juifs, ont fréquenté les loges car elles constituaient l'un des rares réseaux non dirigés par des catholiques. En retour, ces derniers ont pris leurs distances avec les protestants, les juifs et les francs-maçons.

En 1877, la IIIème République naissante et son mouvement de laïcisation influencent les frères du GODF réunis en convent, qui suppriment l'obligation pour les loges de se référer au GADLU. La Grande Loge de France (GLDF) définit ses statuts en 1895 et confirme sa référence au GADLU. Au XXème siècle se créent d'autres obédiences en France qui, pour la plupart, maintiennent le GADLU dans leur rituel : le Droit Humain (DH), la Grande Loge Nationale de France (GLNF) et la Grande Loge Féminine de France. Les obédiences maçonniques se répartissent actuellement selon deux polarités : d'une part, les questions philosophiques, symboliques et spirituelles ; d'autre part, les questions de société, laïques et concrètes. Par exemple, la loi de 1901 sur les associations, la loi de 1905 sur la séparation de l'Eglise de l'Etat, la légalisation de l'IVG, la suppression de la peine de mort ou la législation sur la bioéthique sont inspirés plus ou moins directement des travaux maçonniques.

Il existe trois types de secrets même si le secret véritable est qu'il n'y a pas de secret. Le secret dit « maçonnique » propre à chaque frère et qui se réfère à ses sentiments lors de ses initiations et à son vécu en tant que maçon. Le secret d'appartenance : chacun est libre de se dévoiler ou non, sachant qu'il nous est interdit de dévoiler un autre frère. Le secret d'obédience n'existe pas : la liste des frères est connue des autorités, les comptes sont publics, les rituels maçonniques sont publiés dans des livres accessibles à tous. L'entrée en maçonnerie résulte d'une volonté qui doit être confirmée. A la différence des sectes, nous n'empêchons personne de nous quitter et nous n'imposons aucun dogme ni aucune vérité. Depuis l'interdiction de la franc-maçonnerie en 1940 par le régime de Vichy et les persécutions des nazis lors de la seconde guerre mondiale, les francs-maçons cultivent une certaine discrétion pour se protéger des intégrismes.

Table

Récits, Mémoires, Témoignages aux éditions L'Harmattan

SUR LES TRACES DES SANS VISAGE
Récit d'une adoption
Frutier Elisa
Qui suis-je ? D'où viens-je ? À qui vais-je ressembler ? Pourquoi dois-je toujours expliquer que j'ai été adoptée ? Ces questions, toujours sans réponses, hantent Élisa Frutier. Ce récit est un journal de voyage et nous transporte dans le quotidien d'un orphelinat à Aracaju dans lequel elle a séjourné pendant trois mois. Une histoire vraie, poignante, parfois drôle, toujours empreinte d'humanité.
(Coll. Trans-Diversités, 13.50 euros, 124 p.) *ISBN : 978-2-296-96242-2*

TOI MON ENFANT DIFFÉRENT, MON ROI, MON ANGE
Récit d'une mère face au handicap
Sarah Linda - Préface de Philippe Pozzo di Borgo
À 26 ans Linda devient maman d'un enfant «différent». Né à six mois et demi, Yoann passe ses deux premiers mois en réanimation. Une grande bataille commence alors contre la fatalité et les pires diagnostics. Le fils de Linda vient de fêter ses trente-cinq ans, sa mère peut enfin raconter ses combats et ses victoires sur l'impossible. Ce livre témoigne de l'espoir, des doutes, des révoltes et surtout de l'amour qui a entouré cet enfant.
(17.00 euros, 170 p.) *ISBN : 978-2-296-99110-1*

VIVRE LA FRATERNITÉ AU COEUR DU MONDE
Maurin Maurice - Préface d'Hervé Janson
Dans la mouvance de Charles de Foucauld (1858-1916), la Fraternité des petits frères de Jésus essaie de vivre la fraternité au coeur du monde. Maurice Maurin rencontre les petits frères de Jésus en 1953. Cela le conduira en Algérie, au Maroc, en Afrique centrale, en Israël, puis en Europe de l'Est. Depuis plus de vingt ans, il vit en Pologne.
(Coll. Histoire de vie et formation, 28.00 euros, 278 p.) ISBN : 978-2-296-99184-2

TEMPS DE VIE ET TRANSHUMANCE
Carnets de voyage d'une Amazone 2004-2011
Moneyron Anne - Préface de Gaston Pineau
Anne Moneyron, auteur de plusieurs ouvrages, revient ici avec un ouvrage très personnel, écrit avec sa chair, labourée par sept ans d'épreuves. En sept ans, elle a perdu un sein, la vue à un oeil après une tumeur au cerveau. Ces pertes l'ont amenée aux confins d'elle-même et du monde. Fidèle à sa pulsion d'autoformation vitale, elle a transhumé à travers et au-delà de ses terres connues, avec un feu brûlant en elle. Elle en a fait, ose-t-elle dire, un chemin de fortune, un moyen d'autoformation existentielle.
(Coll. Histoire de vie et formation, 15.50 euros, 158 p.)ISBN : 978-2-296-96765-6

SURVIVANTE
Du Kurdistan irakien aux ports du Pas-de-Calais
Rijbroek Dominique
Ce récit est basé sur le témoignage volontaire d'une femme qui vit dans la peur. Elle évoque son enfance au Kurdistan irakien dans les années 60, au sein d'une famille de communistes en lutte contre le pouvoir en place, son métier d'enseignante qu'elle exerce tout en se livrant au trafic d'armes, la vie quotidienne dans un Kurdistan ravagé par la politique de l'Anfal. Épouse d'un universitaire, Dila possède dans son pays une position sociale enviée. Jusqu'à ce jour de septembre 2000 où tout bascule...
(16.50 euros, 162 p.) *ISBN : 978-2-296-96827-1*

L'HARMATTAN, ITALIA
Via Degli Artisti 15; 10124 Torino

L'HARMATTAN HONGRIE
Könyvesbolt ; Kossuth L. u. 14-16
1053 Budapest

ESPACE L'HARMATTAN KINSHASA
Faculté des Sciences sociales,
politiques et administratives
BP243, KIN XI
Université de Kinshasa

L'HARMATTAN CONGO
67, av. E. P. Lumumba
Bât. – Congo Pharmacie (Bib. Nat.)
BP2874 Brazzaville
harmattan.congo@yahoo.fr

L'HARMATTAN GUINÉE
Almamya Rue KA 028, en face du restaurant Le Cèdre
OKB agency BP 3470 Conakry
(00224) 60 20 85 08
harmattanguinee@yahoo.fr

L'HARMATTAN CAMEROUN
BP 11486
Face à la SNI, immeuble Don Bosco
Yaoundé
(00237) 99 76 61 66
harmattancam@yahoo.fr

L'HARMATTAN CÔTE D'IVOIRE
Résidence Karl / cité des arts
Abidjan-Cocody 03 BP 1588 Abidjan 03
(00225) 05 77 87 31
etien_nda@yahoo.fr

L'HARMATTAN MAURITANIE
Espace El Kettab du livre francophone
N° 472 avenue du Palais des Congrès
BP 316 Nouakchott
(00222) 63 25 980

L'HARMATTAN SÉNÉGAL
« Villa Rose », rue de Diourbel X G, Point E
BP 45034 Dakar FANN
(00221) 33 825 98 58 / 77 242 25 08
senharmattan@gmail.com

L'HARMATTAN TOGO
1771, Bd du 13 janvier
BP 414 Lomé
Tél : 00 228 2201792
gerry@taama.net

Achevé d'imprimer par Corlet Numérique - 14110 Condé-sur-Noireau
N° d'Imprimeur : 97577 - Dépôt légal : avril 2013 - *Imprimé en France*